NEUKIRCHENER

Beiträge zu Evangelisation und Gemeindeentwicklung, Band 1

herausgegeben von
Michael Herbst / Jörg Ohlemacher / Johannes Zimmermann

Michael Herbst / Jörg Ohlemacher /
Johannes Zimmermann (Hg.)

Missionarische Perspektiven für eine Kirche der Zukunft

3. Auflage 2008

Neukirchener

Neukirchener Verlagsgesellschaft mbH, Neukirchen-Vluyn
Neukirchener Verlag

Umschlaggestaltung: Hartmut Namislow
Druckvorlage: Gesa Kock
Gesamtherstellung: DIP, Witten
Printed in Germany
ISBN 978–3–7887–2129–9

Bibliografische Information der Deutschen Nationalbibliothek

Die Deutsche Nationalbibliothek verzeichnet diese Publikation in der Deutschen Nationalbibliografie; detaillierte bibliografische Daten sind im Internet über http://dnb.d-nb.de abrufbar.

Den Förderern und Freunden
des Instituts zur Erforschung von Evangelisation
und Gemeindeentwicklung in Greifswald

Inhalt

3 Sich umschauen, um Räume der Mission zu entdecken

Vorwort

„Das evangelisierende Handeln der Kirche bedarf der wissenschaftlichen Begleitung...
Solches könnte in einem Institut für Evangelisation geschehen...".

(Das Evangelium unter die Leute bringen, EKD-Text Nr. 68, 2000, S. 40)

Vom 6.-8. Mai 2004 fand die feierliche Eröffnung des Instituts zur Erforschung von Evangelisation und Gemeindeentwicklung in Greifswald statt. Der vorliegende Band enthält die Beiträge des damit verbundenen wissenschaftlichen Symposiums.
Zugleich ist dieser Band mehr als nur das schriftliche Destillat einer Tagung. Es ist der Beginn einer neuen wissenschaftlichen Publikationsreihe, der „Beiträge zu Evangelisation und Gemeindeentwicklung". Mit den Beiträgen dieses Bandes meldet sich das 2004 gegründete Greifswalder Institut erstmals mit einer eigenen Veröffentlichung zu Wort. Unsere Absicht ist es, die im Bereich der wissenschaftlichen Theologie weithin vernachlässigten Themen der Evangelisation und Gemeindeentwicklung für Forschung und Lehre ebenso wie für Fort- und Weiterbildung zu stärken oder (wieder) zu gewinnen. Dem soll dieser Band ebenso wie die folgenden Bände dienen.
Wir wollen dazu beitragen, dass die Themenbereiche Evangelisation und Gemeindeentwicklung, die elementar zum (Selbst-)Verständnis des christlichen Glaubens und der christlichen Gemeinde gehören, auch in der akademischen Theologie die ihnen gebührende Beachtung finden. Gerne knüpfen wir dabei an die „neue" Missionsdiskussion in der evangelischen wie in der römisch-katholischen Kirche seit gut fünf Jahren an.
Unser Dank gilt an dieser Stelle allen, die an der Vorbereitung und Durchführung des Symposiums 2004 beteiligt waren, nicht zuletzt unseren Sekretärinnen Manuela Kindermann und Gisela Nikulka und den damals beteiligten studentischen Hilfskräften. Insbesondere danken wir den Referenten, die ihre Beiträge für den Druck vorbereiteten. Unsere studentischen Hilfskräfte Gesa Kock und Burkhard Wagner erstellten eigenständig die Druckvorlagen. Hier ist auch unserer Sekretärin Anja Schild zu danken. Danken möchten wir dem Neukirchener Verlag und Herrn Starke für die Bereitschaft zur Zusammenar-

beit sowie Herrn Hegner für die Unterstützung bei Erstellung der Druckvorlagen.
Weiter danken wir allen, die seit den Anfängen die Arbeit des Instituts mit vorangetrieben haben und seitdem begleiten: der Pommerschen Evangelischen Kirche und ihrem Bischof Dr. Hans-Jürgen Abromeit, der Arbeitsgemeinschaft Missionarische Dienste im Diakonischen Werk der EKD und ihrem Generalsekretär Hartmut Bärend, unserem Beirat und seinem Vorsitzenden, Altpräses Manfred Kock.
Schließlich gilt unser Dank allen, die durch ihre finanziellen Beiträge die Arbeit des Instituts allererst ermöglichen: der badischen, pommerschen, württembergischen und rheinischen Kirche, der AMD, dem Diakonischen Werk der EKD, der Alfried-Krupp-Stiftung, der Bickhoff-Stiftung und allen Kirchengemeinden und Privatpersonen, die uns auf vielfache Weise ihre Unterstützung zuteil werden ließen und lassen.
Ihnen allen widmen wir dieses Buch.

Greifswald, im April 2005

Die Herausgeber
Michael Herbst
Jörg Ohlemacher
Johannes Zimmermann

Das Symposium: Missionarische Perspektiven für die Kirche der Zukunft. Eine Einführung

Michael Herbst

Zur Eröffnung des Institutes fand vom 6.-8. Mai 2004 ein wissenschaftliches Symposium im Biotechnicum Greifswald statt, an dem etwa 40 Teilnehmerinnen und Teilnehmer aus Theologie und Kirche, aus Deutschland und dem Ausland teilnahmen. Der vorliegende Band ist die Dokumentation dieses Symposiums.

1 Ein programmatischer Auftakt ...

1.1 Einen programmatischen Auftakt stellt der öffentliche Vortrag des katholischen Pastoraltheologen *Paul Michael Zulehner* (Wien) dar. Zulehners Thema lautet *„Aufbrechen oder Untergehen. Wie können unsere Gemeinden zukunftsfähig werden?"* Dabei mutet Zulehner dem Leser eine harte Diagnose zu: „Die Konstantinische Kirchengestalt geht vor unseren Augen endgültig zu Ende." Es entstehen an der Stelle christentümlicher Gesellschaften nun atheisierende Kulturen. Dadurch geraten auch die Kirchen in die Krise. Provokant ist auch die Kritik an den Kirchen, die nur durch rückbauende Verschlankung reagieren, aber nicht mehr durch die Vision einer erneuerten Kirche proagieren. Mit stetem Rückbezug auf biblische Erzählungen ermuntert Zulehner zum missionarischen Aufbruch der Kirchen. Dass aus ausgereifter Säkularität wieder Spiritualität erwachsen kann, sieht der Wiener Theologe als Anknüpfungspunkt, den die Kirchen sorgsamer wahrnehmen und behutsam nutzen sollten. Zulehners Vorstellung einer mystagogischen Mission lehnt sich an Gedanken von Karl Rahner an; sie führt auch zu einem neuen Kirchenverständnis, ja einer Liebe zur Kirche, die der Autor bei Protestanten oft vermisst.

1.2 Nach einer dreijährigen Vorbereitungszeit wurde das Greifswalder Institut am 1. April 2004 gegründet. Die „Gründungserzählung" wird im Beitrag von *Michael Herbst* zusammengefasst. Er stellt auch die konzeptionellen Schwerpunkte und Arbeitsbereiche des Instituts vor. Zugleich macht sein Beitrag deutlich, in welchem religiösen und kulturellen Kontext das Greifswalder Institut (mit Bedacht!) gegründet wurde.

2 Zurückschauen, um nach vorne zu gehen...

Drei Beiträge des Symposiums nehmen eine mehr oder weniger starke historische Perspektive ein, freilich immer mit der Frage, wie uns der Blick in die Texte neu inspiriert und orientiert.

2.1 Der Greifswalder Neutestamentler Christfried Böttrich führt in „neutestamentliche Perspektiven zum Thema“ ein: „Kirche als Minderheit mit Mission“. Böttrich zeigt, dass Exegeten den missionarischen Charakter der Kirche stets betont haben, aber höchst unterschiedliche Vorstellungen vom Wesen dieser Mission propagierten. Die urchristliche Gemeinde ging von der Minderheitenlage aus – die gegenwärtige geht immer mehr auf sie zu. Keine platte Übertragung wagt der Neutestamentler, aber er sieht ein „Reservoir für Impulse“, die in der gegenwärtigen missionarischen Herausforderung fruchtbar werden können. Die kleine, in Häusern versammelte Gemeinde sieht sich unter dem Beistand des Auferstandenen und als Trägerin einer Botschaft, die der ganzen Menschheit gilt. So beginnt Mission. Zehn wesentlich, aber nicht schon vielfach traktierte Aspekte dieser Mission trägt Böttrich in seinem Beitrag zusammen, z.B. die Legitimation durch Gott selbst, die sichtbare, prägende Präsenz der Gemeinde in der Gesellschaft, die Gelassenheit des Fleißigen, die kreativ-provokativen Zeichenhandlungen, die Notwendigkeit der Klärung interner Konflikte in der Gemeinde oder der niedrigschwellige Gottesdienst als missionarische Gelegenheit.

2.2 In einen ganz anderen Kontext führt der Einblick in die Theologie Dietrich Bonhoeffers, den der Pommersche *Bischof Hans-Jürgen Abromeit* bietet: *„Wie kann Christus der Herr auch der Religionslosen werden? Von der Volkskirche zur Missionskirche“*. Es ist ein noch ungewöhnlicher, neuartiger Zugang zu Bonhoeffer, den Abromeit hier wählt. Gezielt hat er in den Schriften des Christen, Theologen und Widerstandskämpfers eine bestimmte Spur nachgezeichnet. Entgegen einer lange vertretenen Bonhoeffer-Interpretation sieht Abromeit nicht Diesseitigkeit und Mündigkeit der Welt als Kernbegriffe, sondern auch beim „späten“ Bonhoeffer die Frage nach Christus und der Zugehörigkeit des religionslosen Menschen zu Christus als Zentrum seines Denkens, Redens und Handelns. Zugehörigkeit zu Christus und zur Kirche sind dabei nicht zu trennen, denn die Kirche sei der neue

Wille Gottes für den Menschen. Dann aber muss die Volkskirche zur Missionskirche (nicht zur Freikirche) werden. Zur Missionskirche wiederum gehört auch die evangelistische Predigt. Abromeit zeigt, wie Bonhoeffer Evangelistik lehrte und seine Vikare auch ersten praktischen Erfahrungen in der „Volksmission" (z.B. in Pommern) zuführte.

2.3 Der wissenschaftliche Geschäftsführer des IEEG, *Johannes Zimmermann*, zeigt in seinem Beitrag, in welchem praktisch-theologischen Kontext sich das neue Institut bewegt: *„Was wurde aus dem ‚missionarischen Gemeindeaufbau'? Zwischenbilanz 25 Jahre nach ‚Überschaubare Gemeinde'"*. Zimmermann resümiert 25 Jahre „Gemeindeaufbau" und erinnert an den Anfang der jüngeren kybernetischen Debatte, der etwa auf das Jahr 1979 zu datieren ist, als der Herner Superintendent Fritz Schwarz seine provokative Programmschrift „Überschaubare Gemeinde" publizierte. Zimmermann stellt noch einmal die Protagonisten der damaligen Debatte und die Fernwirkungen der verschiedenen Konzeptionen vor. Er zeigt aber auch, wie die Diskussion aufkam, zwischenzeitlich abebbte, um sich dann neuen Fragen zuzuwenden, etwa der Rolle des Marketing im Gemeindeaufbau, der Soziologie in der Kybernetik oder der Strukturdebatte über Alternativen zur parochialen Gemeindestruktur. Wie aber Kirche und Mission zusammengehören, erörtert Zimmermann, indem er katholische Termini wie die „Pastoral mit Breitenwirkung" oder / und die „Pastoral der Dichte und Intensität" (Medard Kehl) in das Gespräch einführt.

3 Sich umschauen, um Räume der Mission zu entdecken ...

Vier Beiträge führten die Zuhörerinnen und Zuhörer in gegenwärtige Kontexte der gemeindlichen Mission.

3.1 *Paul Zulehners* zweiter Beitrag zum Symposium bietet Einblicke in den spezifischen mittel- und osteuropäischen Raum, in dem sich Gemeinden heute missionarisch aufzustellen haben: *„Mission in atheisierender Kultur"*. Dabei geht es um die große Studie „Gott nach dem Kommunismus" (1997/98), die von Zulehner koordiniert wurde und die religiöse Landschaft in zehn postkommunistischen Ländern Mittel- und Osteuropas nach dem Fall des eisernen Vorhangs kartierte. Die Studie zeigt ein höchst differenziertes Bild mit einem „gestuften", also sehr unterschiedlich intensiven Atheismus in den verschiedenen Ländern. Frappierend ist dabei zum Beispiel der Unterschied zwischen (dem katholischen und nur schwach atheisierenden) Polen und (dem evangelischen, stark atheisistisch geprägten) Ostdeutschland. Zulehner fragt, wie die missionarische Gemeinde auch den atheistischen oder atheisierenden Menschen erreichen kann, z.B. angesichts seiner Sehnsucht nach Ritualen.

3.2 Ein Beispiel für einen postkommunistischen Kontext bietet der Vortrag des Budapester Praktischen Theologen *Lajos Szabó: „Mission und Gemeindeaufbau in Ungarn"*. Szabó zeigt, wie die Gemeinden zwischen 1950 und 1989 um das Überleben kämpften und angesichts enger werdender Spielräume nach außen den inneren Zusammenhalt durch ein hohes Maß an Opferbereitschaft erhielten. Allerdings ging der missionarische Bezug nach außen dabei ebenso weitgehend verloren wie der Bezug zur nachwachsenden Generation und ihrer Kultur. Nach 1989 aber wurde kybernetisches Nachdenken in den Hintergrund gestellt, da zu vieles unmittelbar Drängendes zu tun war (etwa durch die Rückübereignung von Immobilien und Grundstücken). Szabó erläutert die Herausforderungen, vor denen sich heute eine eher schrumpfende als wachsende Kirche in Ungarn befindet, z.B. im Blick auf die notwendige Mitarbeitergewinnung oder das Erreichen derer, die den Kontakt zur Kirche seit langem verloren haben.

3.3 Aus einem ganz anderen Kontext stammt *Brent Dahlseng*, der als Direktor für Gebet und Evangelisation der Evangelical Lutheran Church of America in Chicago wirkt und das Evangelisationsprogramm dieser Kirche präsentiert. Es orientiert sich an dem aus Deutschland stammenden Konzept der „Natürlichen Gemeindeentwicklung" (Christian A. Schwarz). Besonders auffällig ist die Verknüpfung von Spiritualität und Mission, auf die dieser Beitrag aus den USA verweist.

3.4 Wiederum einen „Raum" im eigentlichen Sinn des Wortes stellt der Rostocker Praktische Theologe *Thomas Klie* vor: Er beschäftigt sich mit dem Kirchenraum und bietet so ein Beispiel für die neuere Praktische Theologie, die sich nicht nur mit der Kategorie der Zeit, sondern stärker mit der Kategorie des Raumes befasst: *„Kirchengebäude in der Postmoderne"*. Als „geronnene Deutungsofferten" betrachtet Klie die Kirchengebäude, die nach wie dominant im öffentlichen Raum präsent sind. Dabei schaut er hin und lehrt hinschauen, wie der Kirchenraum seine eigene Wirkung ästhetisch entfaltet, mehr noch rezipiert wird und gerade so einen eigenwilligen missionarischen Beitrag leistet. Den Eigensinn des Raumes zeigt Klie an Hand zweier Beispiele, nämlich einer Renault-Werbung einerseits, einer Anzeige von Casio andererseits. In beiden Fällen ist christliche Religion als (durchaus verständlicher) Bestandteil spätmoderner Lebenswelten vorausgesetzt. Schöne Räume erheben religiös und verkündigen auf ihre Weise. Sie sind trotz aller reklamemäßiger Vernutzung widerstandsfähig, kurzum ein „Fundus narrativer Reserven". Klie möchte anregen, den

Kirchenraum nicht länger nur als zu konservierendes *Behältnis* zu verstehen, sondern als zu begehendes (und darum hoffentlich geöffnetes) *Verhältnis* zu entdecken – weit über den veranstalteten Gottesdienst hinaus. Kirchenraum kann durchaus in die Geschichten verwickeln, die er erzählt – und darum vielleicht tatsächlich missionarisch sein (was allerdings zu wenig erforscht ist). So mündet Klies Beitrag in einem Plädoyer für evangelische Kirchenpädagogik.

Die Vorträge wurden während des Symposiums intensiv diskutiert. Wir wünschen uns, dass die veröffentlichten Beiträge erneut Debatte über die Frage anstoßen, wie missionarische Perspektiven für die Kirche der Zukunft aussehen können.

1 Ein programmatischer Auftakt ...

1.1 Aufbrechen oder untergehen. Wie können unsere Gemeinden zukunftsfähig werden?

Paul M. Zulehner, Wien

Ende einer Kirchengestalt

Die Konstantinische Kirchengestalt geht vor unseren Augen endgültig zu Ende. „Konstantinisch“: das war die Zeit der engen Verflechtung von Kirche-Staat-Gesellschaft. Sie kannte viele Variationen. Prägend war die nachreformatorische Epoche. Um Religionsfrieden herzustellen, wurden die Konfessionen regionalisiert, damit eng an Machthaber und Kultur gebunden. Protestantische und katholische Regionen bildeten sich in Europa heraus. Wer Bürger sein wollte, musste die zugewiesene Konfession annehmen. War er dazu nicht bereit, kostete dies ihm die bürgerlichen Rechte und schlimmstenfalls sogar das Leben. Ausweisungen (ins Jenseits, ins Ausland) waren keine Seltenheit.
Mit dem Aufkommen der modernen Gesellschaften setzte sich die freie Religionswahl durch. Das führte zu einem Übergang von einer kulturgestützten zu einer persongestützten Christlichkeit. Konfessionszugehörigkeit, aber auch Religion wurden zum Thema persönlicher Wahl. Noch mehr: Der moderne Mensch kann alles wählen, nur nicht, ob er wählen will. So besehen gibt es einen „Zwang zur Wahl“, zur „Häresie“, wie Peter L. Berger es ist seinem Buchtitel „Der Zwang zur Häresie“[1] ausdrückte.
Wählen können heißt auch abwählen können. Faktisch führte insbesondere in Westeuropa die Wahlmöglichkeit auch zu einer Distanzierung nicht weniger von ihrer Konfession. Diese Distanzierung ging in den letzten Jahren bis zur Aufkündigung der Mitgliedschaft. Das hatte vielerlei Ursachen. Die studentische Revolution der Achtundsechziger meinte, der Mensch sei dann frei und selbstbestimmt, wenn er sich aus dem formenden Einflussbereich von Institution zurückziehe. Zudem

1 Frankfurt 1980.

war die Arbeit der Kirchen nicht immer den neuen Freiheiten der Menschen angemessen. In Ost(Mittel)Europa führt der Kommunismus mit seiner aggressiven Religions- und Kirchenvernichtungspolitik zu einer nachhaltigen Beschädigung der religiösen Kulturen besonders in jenen Ländern, die schon eine kirchenrelativierende Vorgeschichte hatten, vor allem also der protestantischen Kulturen (Estland, Tschechien, Ostdeutschland). Inmitten des einst christentümlichen Europas entstanden atheisierende Kulturen. Christen wurden soziokulturell eine „kognitive Minderheit".

Rückbau

Diese tief greifende Veränderung der Beziehung der Menschen zu den christlichen Kirchen führte in den letzten Jahrzehnten vor allem in jenen Kirchen, die den Luxus einer Kirchensteuer besaßen, zu einer tiefen Krise. Es ist zunächst die Krise einer inneren Schwächung durch ausgedünntes Commitment vieler Mitglieder. Die Aufkündigung der Mitgliedschaft führt zudem zu einer ökonomischen Krise. Der in guten Zeiten ausgebaute Kirchenbetrieb verlor seine finanzielle Grundlage. In der katholischen Kirche ging der Finanzkrise eine Personalkrise voraus: Die Zahl der verfügbaren Priester entsprach nicht mehr der Zahl der eingerichteten Anzahl von eucharistiebereiten Gemeinden. Diese Teilkrisen (Pfarrermangel, Geldmangel, Mitgliederschwund, innere Aushöhlung der Kirche) sind lediglich Variationen der einen tief greifenden Übergangskrise der Kirche aus der konstantinischen in die (post)moderne Kultur.
Kirchen müssen sich dieser Übergangskrise stellen. Das kann in doppelter Weise geschehen: rückwärtsgewandt oder zukunftsorientiert. Wenn die praktisch-theologischen Analysen stimmen, dann ist jener Umgang mit der Übergangskrise der Kirche am weitesten verbreitet, der mehr den bestehenden Kirchenbetrieb stabilisiert. Es wird mehr auf eine rückbauende Verschlankung („downsizing") der bisherigen Kirchengestalt gesetzt und weniger auf den Entwurf einer neuen Kirchengestalt. Das hat seinen letzten Grund darin, dass das Geld den Ton angibt, nicht eine Vision.
Dieser Umgang mit der Übergangskrise zeitigt eine fatale Nebenwirkung: In den Kirchen, vor allem unter dem (arbeitsplatzmäßig gefährdeten) hauptamtlichen Personal herrscht eine depressive Stimmung. Kein Aufbruch droht.
In solchen Zeiten gibt eine alte biblische Erfahrung Orientierung. Weiter führt nicht das Graben in alten Brunnen (das schafft Zank und Streit), sondern das Graben neuer (was Rehobot bringt, Weite und Frieden):

„Isaak säte in diesem Land, und er erntete in diesem Jahr hundertfältig. Der Herr segnete ihn; der Mann wurde reicher und reicher, bis er sehr wohlhabend war. Er besaß Schafe, Ziegen und Rinder und zahlreiches Gesinde, so dass ihn die Philister beneideten.
Die Philister schütteten alle Brunnen zu, die die Knechte zur Zeit seines Vaters Abraham gegraben hatten, und füllten sie mit Erde.
Da sagte Abimelech zu Isaak: Zieh von uns fort; denn du bist uns viel zu mächtig geworden.
Isaak zog fort, schlug sein Lager im Tal von Gerar auf und ließ sich dort nieder.
Die Brunnen, die man zur Zeit seines Vaters Abraham gegraben hatte und die die Philister nach dem Tod Abrahams zugeschüttet hatten, ließ Isaak wieder aufgraben und gab ihnen dieselben Namen, die ihnen sein Vater gegeben hatte.
Die Knechte Isaaks gruben in der Talsohle und fanden dort einen Brunnen mit frischem Wasser.
Die Hirten von Gerar stritten mit den Hirten Isaaks und behaupteten: Uns gehört das Wasser. Da nannte er den Brunnen Esek (Zank), denn sie hatten mit ihm gezankt.
Als sie einen anderen Brunnen gruben, stritten sie auch um ihn; so nannte er ihn Sitna (Streit).
Darauf brach er von dort auf und grub wieder einen anderen Brunnen. Um ihn stritten sie nicht mehr. Da nannte er ihn Rehobot (Weite) und sagte: Jetzt hat uns der Herr weiten Raum verschafft, und wir sind im Land fruchtbar geworden."

Gen 26,12-19

Vertrauensvoller Blick nach vorne

Nicht wenige in den Kirchen haben Angst vor dem Aufbrechen. Sie haben Angst vor dem unbekannten Land, in das Gott seine Kirchen hineinführen will. Wiederum können wir aus biblischen Erfahrungen lernen. Israel steht an den Grenzen des verheißenen Landes. Mose schickt Kundschafter: Die Führung und das Volk wollen wissen, was sie erwartet. Es gibt gute Nachrichten: Milch und Honig fließen, die Verheißung Gottes wird sich also erfüllen. Als Beleg bringen die Kundschafter Feigen und eine Riesentraube mit. In die guten Nachrichten mischen sich böse: die Städte sind befestigt, das Land uneinnehmbar, Riesen wohnen dort. Also bekommen die Leute eine Riesen-Angst. Diese treibt sie zurück zu den Sicherheiten des schon Bekannten, damit aber auch zu der Unfreiheit der Knechtschaft in Ägypten. Gott muss seine ganze Kabod einsetzen, um das Volk umzustimmen. Allerdings: Wer Angst zeigt, soll nicht ins Land einziehen.

Missionarische Offensive

Es geht also in den Kirchen um die Alternative Untergehen (einer alten Kirchengestalt) oder Aufbrechen (in eine neue Gestalt der Kirche). Inneres Moment eines solchen Aufbruchs ist eine neue missionarische Grundstimmung. Es gilt Neuland zu gewinnen, nicht alte Milieus zu halten. Diese missionarische Bewegung ringt um den einzelnen Menschen und vernetzt die Gewonnenen zugleich. Denn personal angenommener christlicher Glaube erweist sich mit innerer Theologik als gemeindlich; zudem tragen (sozialpsychologisch) Gemeinden den wachsenden Glauben in nachchristlicher Zeit.

1. Religionssoziologische Annäherung

Spiritualität aus Säkularität

Die „Zeit zur Aussaat“, also die Zeit für eine missionarische Offensive mit neuer Qualität ist derzeit kulturell günstig. Zwar hat in Ostdeutschland der Kommunismus einen von einem liberalen Kulturprotestantismus und dem Nationalsozialismus vorbereiteten Kulturatheismus hinterlassen. Dennoch: Trotz hartnäckiger Säkularisierungsprognosen wächst heute aus ausgereifter Säkularität Spiritualität. Dabei muss die Frage offen bleiben, ob dies auch für die atheisierenden Kulturen Europas gilt. Insbesondere in den Großstädten Europas, also in den am weitesten fortgeschrittenen Regionen beobachtet die religionssoziologische Forschung eine spirituelle Suche mit neuer Qualität.

Neue spirituelle Suche

Erkennbar werden in ersten Forschungsergebnissen[2] Dimensionen solcher spiritueller Suche:

- die Reise ins Innere: Menschen fühlen, dass sie sich selbst immer mehr entfremdet sind und suchen bei sich selbst daheim zu sein; für nicht wenige ist das Innerste auch der Ort einer neuen Gotteserfahrung;
- die Reise ins Weite: die Welt des unbezogenen Individualismus erweist sich nicht nur als eng, sondern eben deshalb als angstbesetzt,

2 Dazu die in Arbeit befindliche Dissertation von *Ariane Martin*, Mehr Licht!? Spirituelle Bewegungen in Deutschland. – Auch: *Paul M. Zulehner*, Megatrend Respiritualisierung, in: Stimmen der Zeit 221 (2003), 87-96.

also suchen Menschen das Weite, die Einnetzung in größere Zusammenhänge, des Kosmos, des Oikos, des Göttlichen;

- Sehnsucht nach Heilung: viele merken, dass in ihrem Leben etwas nicht stimmt, sie erwarten Änderung auch nicht von der high-tech-Medizin, sie fühlen, dass sie von den letzten Quellen abgeschnitten sind, die nicht wenige im Göttlichen vermuten, also suchen sie die Rückbindung an das Heilige und darin Heilung, die rituell erlebt wird;
- Sehnsucht nach neuen Gemeinschaften mit einer anderen Ethik als jene, die heutige Lebensorte prägt, eine Ethik der Liebe anstelle einer Ethik der tödlichen Konkurrenz, eine Lebenskultur, die aufrichtet und nicht hinrichtet;
- Sehnsucht nach Struktur und Gewissheit, und dies in einer Welt, die überorientiert und darin desorientiert, die alle tragenden Ordnungen (Institutionen, Normen, Autoritäten) geschwächt hat und daher dem Einzelnen das gesamte Lebensrisiko auflastet;
- Sehnsucht nach einer neuen Welt, in der alle Teilwünsche gebündelt werden, in der Hoffnung, kraft der gewonnenen Spiritualität selbst eine Avantgarde einer solchen kommenden Welt zu sein.

Empathische Spiritualitätskritik

Um solchen Sehnsüchten eine Chance zu geben, schlagen Menschen vielfältige Wege ein. Selten führen diese Wege in eine der alten Kirchen. Es trifft zu, was der österreichische Journalist Günther Nenning vermerkte: „Die Sehnsucht boomt, aber die Kirchen schrumpfen". Dazu kommt, dass die Kirchen, zumindest einige ihrer Theologinnen und Theologen diese neue spirituelle Suche verächtlich und vorschnell theologisch abwerten. Der verbreitete Umgang mit spirituell Suchenden und deren Gemeinschaften ist tendenziös und wird den redlichen Suchbewegungen der Betroffenen nur selten gerecht. Es sei Religion ohne Gott, Wellnessspiritualität, Vernützlichung religiöser Symbole. Dabei mag es ja sein, dass etwa die Warenwerbung religiöse Symbole aufgreift und für eigene Zwecke „umformatiert".

Aber zwischen der Vernützlichung religiöser Symbole durch Werbeagenturen, welche sensibel sind für den Megatrend der Respiritualisierung, und der spirituellen Suche von Menschen besteht theologisch ein beträchtlicher Unterschied.

Damit ist aus der Sicht des anvertrauten Evangeliums nicht gleich jede spirituelle Suche „heilig zu sprechen" und gutzuheißen. Vielmehr ist theologisch eine empathische Spiritualitätskritik zu entwickeln. Eine solche taucht tief in das Leben zeitgenössischer Menschen ein; geschätzt wird das Suchen, geht (virtuell voraus denkend) den eingeschlagenen spirituellen Weg des Suchenden zu Ende und prüft mit dem Suchenden, ob auf diesem Weg die Suche an das erhoffte Ziel gelangt. (Was ist, wenn jemand nicht einmal sucht?)

2. Was wachsen soll

Mystagogische Mission

Respiritualisierung ist ein „Zeichen der Zeit". Offensichtlich ist das derzeitige enge und angstbesetzte „Leben als letzte Gelegenheit" spiritualitätsproduktiv. Um diesen Kairos zu nützen, braucht es aber ein theologisch gut begründetes Konzept für eine „mystagogische Mission".

Eine solche Missionstheologie mit neuer Qualität rechnet einerseits bei allen Menschen mit dem freien Wirken Gottes von innen. Modellhaft mag dafür stehen, was die Apostelgeschichte von der Missionspredigt des Paulus berichtet:

Eine Frau namens Lydia, eine Purpurhändlerin aus der Stadt Thyatira, hörte zu; sie war eine Gottesfürchtige, und der Herr öffnete ihr das Herz, so dass sie den Worten des Paulus aufmerksam lauschte.

(Apg 16,14)

Andererseits bringt eine solche Missionstheologie die Wahrheit in Freiheit mit den spirituell Suchenden ins Gespräch und ist bestrebt, dass das von Gott innen gewirkte Heil im Laufe des Lebens zu einer sichtbaren christlich-kirchlichen Gestalt heranreift.

Theologische Grundannahmen einer mystagogischen Mission

Eine solche vertiefte Missionstheologie, wie sie Karl Rahner im Umkreis des Zweiten Vatikanischen Konzils entworfen hat, setzt auf einen ernsthaften Heilsoptimismus, der sich von einem billigen deutlich unterscheidet. Aus der Sicht des Menschen hält ein solcher Heilsoptimismus es durchaus für möglich, dass ein Mensch in seiner tiefen Sehnsucht nach Heilung und Heil scheitert. Ein solcher Heilsoptimismus traut es aber Gott zu, dass er am Ende alle rettet, ohne dass wir wissen auf welchen Wegen. Mission setzt dann nicht auf die Taufe (oder das Wort) als das einzige Nadelöhr zum Heil und operiert deshalb mit einer tief sitzenden Heilsangst des Menschen, sondern sieht sich im Dienst des allgemeinen Heilswillens Gottes und seiner raumzeitlichen, historischen Zuspitzung in Jesus von Nazareth, an dem vorbei niemand gerettet wird. Die Grundlage dafür ist wieder ein theologisches Ahnen von einer tiefen Verwobenheit aller im Unheil wie im

Heil, was uns erlaubt von einer Erbschuld ebenso zu reden wie von einem Erbheil.
Näherhin setzt eine solche mystagogische Missionstheologie auf den Kosmos des gesamten Schatzes christlicher Theologie. Sie geht davon aus, dass Gott selbst überreiche Liebe ist. Sie deutet die Schöpfung als Ermöglichung der liebenden Selbstmitteilung Gottes. Damit setzt sie voraus, dass die Schöpfung von der Art sein muss, dass sie auch Gottes Selbstmitteilung aufnehmen kann. Der Sehnsucht Gottes nach der Schöpfung entspricht somit eine tiefe Sehnsucht des Menschen nach Gott. Christologisch nimmt die christliche Theologie an, dass in einem von uns, in Jesus von Nazareth, Gott angefangen hat (in Menschwerdung, Leben, Tod und Auferweckung) unwiderruflich ans Ziel der Schöpfung zu kommen. Die Kirche steht dann dafür, dass diese Heilsgeschichte, die in Jesus Christus irreversibel an ein gutes Ende zu kommen begonnen hat (vgl. 1 Kor 10,11), in Erinnerung bleibt und vorankommt, was sie in Jesus Christus zu einem Sakrament, also Zeichen und Werkzeug der innigsten Vereinigung der Menschen mit Gott und der Menschen untereinander macht (LG 1).

3. Was wachsen wird

Auf diesem heilstheologischen Hintergrund kann auch praktisch-theologisch etwas über die Ekklesiogenese gesagt werden. Wie baut sich Gott seine Kirche, wie sammelt er „sein Volk"? Welche Kirchengestalt entspricht am ehesten dem Wirken Gottes im Rahmen der Heilsgeschichte? Welche theologischen Konstanten gibt es, was in Zeiten des Übergangs der Kirchengestalt eine wichtige Rolle spielt?

Kirchenberufungen und Gemeinden

Ein erstes Element des Kirchenbaus durch Gott selbst (Psalm 127) ist „Kirchenberufung", die immer auch eine „geistliche Berufung" ist. Damit ist auch gesagt, dass das Gebet um „geistliche Berufungen" zu allererst eine Bitte an Gott ist, uns jene Menschen zu schenken („hinzuzufügen"), welche die Kirche heute lebens- und handlungsfähig machen. Dabei ist es nicht nötig zu wissen, wie viele dies sein werden, wohl aber möglich zu hoffen, dass es immer die richtigen sind und ihre Zahl auch für heute ausreicht.
Im Zuge eine mystagogischen Mission wird es daher darum gehen, jene, die Gott uns „hinzufügt" (Apg 2,47), zu gewinnen, dass sie in letzter Einsamkeit vor Gott die Zumutung Gottes annehmen und sich die Frage stellen, was Gott ihnen zutraut, damit seine Kirche leben und wirken kann. Es braucht also Vorgänge, um die gottgeschenkte Kir-

chenberufung zu heben und die daran geknüpften Geistgaben zu fördern. Mit dem urpersönlichen, in der letzten spirituellen Einsamkeit vor Gott gesprochenen Adsum beginnt die Vernetzung mit jenen anderen, die gleichfalls ein solches Adsum zu sprechen bereit sind. Aus der Tiefe des Eingewobenseins in Gottes Geheimnis bildet sich Kirche in konkreten Gemeinschaften und Gemeinden. Jene, die das Kirchen-Adsum sprechen und sich einer Gemeinde anschließen, werden der Reichtum der Kirche sein. Das bezieht sich nunmehr nicht nur auf die Berufungen, sondern auch auf die mit der Berufung mitgeschenkten Begabung (dem Charisma, der Geistgabe). Eine missionarische Kirche lebt (in ihren Gemeinden und Projekten) von Berufenen und Begabten.
Das bedeutet zudem, dass sich Mitglieder in Zeugen wandeln werden. Dies wird freilich keine Kirche der Hundertprozentigen sein, sondern eine Kirche, in der die Einzelnen in einem ständigen Entfaltungsprozess sind, sich annähern und manchmal auch entfernen, wo es für Suchende eine große Offenheit und eine redliche geistliche Gastfreundschaft gibt.

Gemeinden und pastorale Zentren

Für solche künftige gemeindliche Glaubensnetzwerke wird es in jenen Kirchengebieten, die über Jahrzehnte den Komfort einer stabilen und opulenten Kirchensteuer kannten (Deutschland, Schweiz, Österreich: hier redet man vom Kirchenbeitrag), neue Gestaltungsprinzipien geben. Sie werden von der Kehrseite des Komforts, nämlich der sklavischen Abhängigkeit der Kirchensteuer, frei sein. Das bedeutet praktisch, dass sich die gläubigen Netzwerke selbst finanzieren werden: durch time-spending, durch moneyspending. Zwischen den unterschiedlich finanzstarken Gemeinden wird es einen solidarischen Ausgleich geben. Auch die Praxis, dass Kleriker von Haus aus verbeamtet werden (was die profane Rede über die Weihe ist), wird überdacht werden. Es ist durchaus möglich, dass Priester / Pastorinnen ehrenamtlich wirken und vom „Zelteweben“ leben.
Natürlich können nicht alle pastoralen Aufgaben in den überschaubaren, ehrenamtlich getragenen Glaubensnetzwerken durchgeführt werden. Manche Aufgaben verlangen nach einem größeren pastoralen Raum. Also werden sich gemeindliche Netzwerke von sich aus pastorale Zentren einrichten. Diese werden eine Art Server bilden. Angesiedelt werden bei diesen beispielsweise Gemeindeberatung, Fortbildung von Ehrenamtlichen etc.

Projekte

Kirchliches Leben und Wirken ereignet sich in Gemeinden, erschöpft sich aber nicht in diesen. Dieser pastoraltheologische Grundsatz wird künftig noch mehr Bedeutung erlangen als er heute bereits hat. Gemeindliche Netzwerke leisten sich zusammen eine Handvoll gesellschaftlich relevanter pastoraler Projekte. Dies wird vor allem in den Bereichen Mission (Jugendkirche, weltkirchlich), Bildung (Akademien, Bildungswerke, Familienbildungsstätten), Diakonie und Medien geschehen.
In diese kurzzeitigen Projekten (im Normalfall werden sieben Jahre veranschlagt) werden kompetente Hauptamtliche (Priester, Laien) eingebunden. Eine Evaluierung mit Hilfe von Kriterien, die schon im Projektantrag formuliert werden, wird ein neuartiges pastorales Qualitätsmanagement stattfinden.
Diese Projekte stellen sicher, dass die Kirchen mit ihren vielen gemeindlichen Netzwerken nicht gesellschaftlich „wegkuscheln": also ihre gesellschaftliche Präsenz in Bildung, Diakonie und Medien verlieren.

Und Sara lachte

Natürlich wird der Übergang von der konstantinischen zur kommenden Kirchengestalt nicht gewaltsam von heute auf morgen erfolgen. Es wird auch kein gewaltsamer Übergang sein. Allerdings wird er umso schmerzlicher treffen, je später er in Angriff genommen werden wird. Im Idealfall wird dieser Übergang zwischen der vergehenden und der kommenden Kirchengestalt sanft verlaufen.
„Der Herr erschien Abraham bei den Eichen von Mamre. Abraham saß zur Zeit der Mittagshitze am Zelteingang. Er blickte auf und sah vor sich drei Männer stehen...
Sie fragten ihn: Wo ist deine Frau Sara? Dort im Zelt, sagte er. Da sprach der Herr: In einem Jahr komme ich wieder zu dir, dann wird deine Frau Sara einen Sohn haben. Sara hörte am Zelteingang hinter seinem Rücken zu.
Abraham und Sara waren schon alt; sie waren in die Jahre gekommen. Sara erging es längst nicht mehr, wie es Frauen zu ergehen pflegt. Sara lachte daher still in sich hinein und dachte: Ich bin doch schon alt und verbraucht und soll noch das Glück der Liebe erfahren? Auch ist mein Herr doch schon ein alter Mann!
Da sprach der Herr zu Abraham: Warum lacht Sara und sagt: Soll ich wirklich noch Kinder bekommen, obwohl ich so alt bin? Ist beim Herrn etwas unmöglich? Nächstes Jahr um diese Zeit werde ich wieder zu dir kommen; dann wird Sara einen Sohn haben. Sara leugnete:

Ich habe nicht gelacht. Sie hatte nämlich Angst. Er aber sagte: Doch, du hast gelacht.“ (Gen 18,1-15)

Eine biblische Anleitung dazu ist Sara, die unfruchtbare Alte, die noch ein Kind des Lachens bekommt. Es ist ein Kind der Verheißung Gottes selbst, der die alt gewordene Kirchengestalt zu neuer Lebendigkeit führt, und zwar indem die neue Gestalt aus der schwindenden Kraft der alten heraus geboren werden wird (Gen 18,1-15). Konkret kann das bedeuten, dass heute schon inmitten der nach und nach rückgebauten Kirchengestalt mit Elementen einer kommenden Gestalt Erfahrungen gesammelt werden. So kann es sinnvoll sein, dort wo in einem eucharistiebereiten Glaubensnetzwerk kein herkömmlicher (eheloser, akademisch gebildeter) Priester mehr am Ort sein kann, jetzt schon ehrenamtliche Leitungsteams (und nicht hauptamtliche ungeweihte Laienpriester) eingesetzt werden. Es wäre dies eine hervorragende Vorbereitung für spätere gemeindliche Presbyterien. Schon heute könnten Lernmodule (vielleicht sogar über e-learning, als Bakkalaureat im Sinn des Bolognaprozesses) eingerichtet werden, welche solchen ehrenamtlich wirkenden Leitungsverantwortlichen die nötige Kompetenz vermitteln. Wichtig wäre es auch, schon jetzt die pastorale Arbeit in weiten Bereichen auf pastorale Projektarbeit umzustellen. So könnten in sanfter Weise heute schon in die vergehende Kirchengestalt Strukturen einer kommenden implementiert werden. Natürlich werden solche neuen Strukturen nicht die missionarische Grundhaltung ersetzen. Auch sind sie kein Ersatz für kraftvolle und bewegende Visionen. Schon gar nicht werden solche Strukturen einer künftigen Kirchengestalt Gottes Erneuerungshandeln an der Kirche ersetzen. Aber es ist ja durchaus denkbar und vernünftig anzunehmen, dass sich Gott bei der Erneuerung seiner Kirche unserer Vernunft und unseres Mutes bedient. Nichts zu riskieren könnte aber letztlich in unserem Bedürfnis nach dem Gewohnten und Sicheren ein Ausdruck dafür sein, dass wir uns letztlich selbst für die Herren der Kirche halten. Und das wäre letztlich ziemlich gottlos.

(Auskundschaften)

Schick einige Männer aus, die das Land Kanaan erkunden, das ich den Israeliten geben will. Aus jedem Väterstamm sollt ihr einen Mann aussenden, und zwar jeweils einen der führenden Männer...
Als Mose sie ausschickte, um Kanaan erkunden zu lassen, sagte er zu ihnen: Zieht von hier durch den Negeb, und steigt hinauf ins Gebirge! Seht, wie das Land beschaffen ist und ob das Volk, das darin wohnt, stark oder schwach ist, ob es klein oder groß ist;

seht, wie das Land beschaffen ist, in dem das Volk wohnt, ob es gut ist oder schlecht, und wie die Städte angelegt sind, in denen es wohnt, ob sie offen oder befestigt sind und ob das Land fett oder mager ist, ob es dort Bäume gibt oder nicht. Habt Mut, und bringt Früchte des Landes mit! Es war gerade die Zeit der ersten Trauben.
Da zogen die Männer hinauf und erkundeten das Land ...
Von dort kamen sie in das Traubental. Dort schnitten sie eine Rebe mit einer Weintraube ab und trugen sie zu zweit auf einer Stange, dazu auch einige Granatäpfel und Feigen.
Den Ort nannte man später Traubental wegen der Traube, die die Israeliten dort abgeschnitten hatten.
Vierzig Tage, nachdem man sie zur Erkundung des Landes ausgeschickt hatte, machten sie sich auf den Rückweg.

(Zwiespältige Reaktion)

Sie kamen zu Mose und Aaron und zu der ganzen Gemeinde der Israeliten in die Wüste Paran nach Kadesch. Sie berichteten ihnen und der ganzen Gemeinde und zeigten ihnen die Früchte des Landes.
Sie erzählten Mose: Wir kamen in das Land, in das du uns geschickt hast: Es ist wirklich ein Land, in dem Milch und Honig fließen; das hier sind seine Früchte.
Aber das Volk, das im Land wohnt, ist stark, und die Städte sind befestigt und sehr groß. Auch haben wir die Söhne des Anak dort gesehen.
Amalek wohnt im Gebiet des Negeb, die Hetiter, die Jebusiter und Amoriter wohnen im Gebirge, und die Kanaaniter wohnen am Meer und am Ufer des Jordan.
Kaleb beruhigte das Volk, das über Mose aufgebracht war, und sagte: Wir können trotzdem hinaufziehen und das Land in Besitz nehmen; wir werden es gewiss bezwingen.
Die Männer aber, die mit Kaleb zusammen nach Kanaan hinaufgezogen waren, sagten: Wir können nichts gegen dieses Volk ausrichten; es ist stärker als wir.
Und sie verbreiteten bei den Israeliten falsche Gerüchte über das Land, das sie erkundet hatten, und sagten: Das Land, das wir durchwandert und erkundet haben, ist ein Land, das seine Bewohner auffrisst; alle Leute, die wir dort gesehen haben, sind hochgewachsen. Sogar die Riesen haben wir dort gesehen – die Anakiter gehören nämlich zu den Riesen. Wir kamen uns selbst klein wie Heuschrecken vor, und auch ihnen erschienen wir so.

(Verweigerung)

Da erhob die ganze Gemeinde ein lautes Geschrei, und das Volk weinte die ganze Nacht.
Alle Israeliten murrten über Mose und Aaron, und die ganze Gemeinde sagte zu ihnen: Wären wir doch in Ägypten oder wenigstens hier in der Wüste gestorben!
Warum nur will uns der Herr in jenes Land bringen? Etwa damit wir durch das Schwert umkommen und unsere Frauen und Kinder eine Beute der Feinde werden? Wäre es für uns nicht besser, nach Ägypten zurückzukehren?
Und sie sagten zueinander: Wir wollen einen neuen Anführer wählen und nach Ägypten zurückkehren.
Da warfen sich Mose und Aaron vor der ganzen Gemeindeversammlung der Israeliten auf ihr Gesicht nieder.
Josua, der Sohn Nuns, und Kaleb, der Sohn Jefunnes, zwei von denen, die das Land erkundet hatten, zerrissen ihre Kleider und sagten zu der ganzen Gemeinde der Israeliten: Das Land, das wir durchwandert und erkundet haben, dieses Land ist überaus schön.
Wenn der Herr uns wohlgesinnt ist und uns in dieses Land bringt, dann schenkt er uns ein Land, in dem Milch und Honig fließen.
Lehnt euch nur nicht gegen den Herrn auf! Habt keine Angst vor den Leuten in jenem Land; sie werden unsere Beute. Ihr schützender Schatten ist von ihnen gewichen, denn der Herr ist mit uns. Habt keine Angst vor ihnen!
Doch die ganze Gemeinde drohte Mose und Aaron zu steinigen.

(Gottes Intervention)

Da erschien die Herrlichkeit des Herrn am Offenbarungszelt allen Israeliten, und der Herr sprach zu Mose: Wie lange verachtet mich dieses Volk noch, wie lange noch wollen sie nicht an mich glauben trotz all der Zeichen, die ich mitten unter ihnen vollbracht habe?
Ich will sie mit der Pest schlagen und vertreiben; aber dich will ich zu einem Volk machen, das größer und mächtiger ist als dieses.
Da antwortete Mose dem Herrn: Die Ägypter werden hören, dass du dieses Volk mit deiner Kraft aus ihrer Mitte hierher geführt hast, und sie werden zu den Einwohnern dieses Landes sagen, sie hätten gehört, dass du, Herr, mitten in diesem Volk warst, dass du, Herr, sichtbar erschienen bist, dass deine Wolke über ihnen stand, dass du ihnen bei Tag in einer Wolkensäule und bei Nacht in einer Feuersäule vorangegangen bist, dass du dann aber dieses Volk wie einen einzigen Mann umgebracht hast. Wenn sie das alles über dich hören, werden die Völker sagen:

Weil Jahwe nicht imstande war, dieses Volk in das Land zu bringen, das er ihnen mit einem Eid zugesichert hatte, hat er sie in der Wüste abgeschlachtet.
Gerade jetzt sollte sich die Kraft meines Herrn in ihrer ganzen Größe zeigen, wie du gesagt hast:
Ich bin Jahwe, langmütig und reich an Huld, der Schuld und Frevel wegnimmt, der aber (den Sünder) nicht ungestraft lässt, der die Schuld der Väter an den Söhnen verfolgt, an der dritten und vierten Generation:
Verzeih also diesem Volk seine Sünde nach deiner großen Huld, wie du diesem Volk auch schon bisher vergeben hast, von Ägypten bis hierher.

(Wer Angst hat, wird das Land nicht schauen)

Da sprach der Herr: Ich verzeihe ihm, da du mich bittest.
Doch so wahr ich lebe und die Herrlichkeit des Herrn das ganze Land erfüllt:
Alle Männer, die meine Herrlichkeit und meine Zeichen gesehen haben, die ich in Ägypten und in der Wüste vollbracht habe, und die mich jetzt schon zum zehnten Mal auf die Probe gestellt und doch nicht auf mich gehört haben, sie alle werden das Land nicht zu sehen bekommen, das ich ihren Vätern mit einem Eid zugesichert habe. Keiner von denen, die mich verachtet haben, wird es zu sehen bekommen.
Meinen Knecht Kaleb aber, der anders denkt und treu zu mir hält, ihn werde ich in das Land bringen. Er darf es betreten, und seine Nachkommen sollen es erben.
Brecht also morgen auf, und schlagt eine andere Richtung ein, in die Wüste, zum Schilfmeer hin!

(Num 13,2f.; 13,16-14,25)

Zum Nachlesen

Zulehner, Paul M., Kirche im Umbau. Für eine Erneuerung im Geist des Evangeliums, Herder Korrespondenz 58 (2004), 119-124.
Zulehner, Paul M., Kirche umbauen – nicht totsparen, Ostfildern 2004.

1.2 „Ach, Sie sind also der Missionar!?“ Kontext, Entstehungsgeschichte und Aufgaben des Greifswalder Instituts

Michael Herbst, Greifswald

Ein Institut an der Universität, das sich mit Fragen der Evangelisation und Gemeindeentwicklung befasst, ist eine seltene Erscheinung. Genauer gesagt, es ist im deutschsprachigen Raum etwas Einzigartiges.[1] Als ich mich bei einem Empfang der Universität der Frau eines Kollegen vorstellte, antwortete sie mit einer erstaunten Frage: „Ach, Sie sind also der Missionar!?“ Es wirkt auf manchen wie eine unzeitige *Erscheinung*, dass sich in einem Kontext wie Mecklenburg-Vorpommern überhaupt noch Theologen an der Universität finden. Dass sie sich mit Mission im eigenen Lande befassen, lässt nicht nur konfessionslose Zeitgenossen mit dem Kopf schütteln.
Dabei ist es gerade dieser Kontext, der bei der Platzierung des ersten deutschen Hochschulinstituts für Fragen der missionarischen Gemeindeentwicklung eine wesentliche Rolle spielte. In diesem Beitrag soll es darum (I.) um den pommerschen Kontext gehen, (II.) um die Entstehungsgeschichte des „Instituts zur Erforschung von Evangelisation und Gemeindeentwicklung und seine Aufgaben.

1 Anders sieht es im internationalen Vergleich aus: So gibt es etwa in Budapest das „Protestant Institute for Mission Studies“ (Protestáns Missziói Tanulmányi Intézet, Prof. Dr. Annemarie Kool u.a.), in Stellenbosch/Südafrika BUVTON, das „Bureau for further theological training“ (Buro vir Voortgesette Teologiese Opleiding en Navorsing) an der Theologischen Fakultät der Universität Stellenbosch , das sich auf Fragen der Gemeindeentwicklung spezialisiert hat (Dr. Coenraad Burger u.a.), in Minneapolis (USA) „Church Innovations“ als Institut zur Erforschung der Gemeindeentwicklung am Luther Seminary der ELCA (Prof. Dr. Pat Keifert u.a.). Zu diesen Instituten hat das Greifswalder Institut bald nach seiner Begründung Kontakt aufgenommen.

I. Der pommersche Kontext: Forschung und Lehre in einer Krisenregion

Bereits in den ersten Gesprächen über das geplante Institut haben die Vertreter der Theologischen Fakultät Greifswald[2], der Pommerschen Evangelischen Kirche[3] und der Arbeitsgemeinschaft Missionarische Dienste[4] den möglichen Standort Greifswald trotz der ungünstigen geographischen Lage am Nordostrand Deutschlands für einen Vorteil gehalten. In den ersten Fassungen der Konzeption hieß es, eine Ansiedlung des Instituts an diesem Standort sei „sicherlich zu bevorzugen. In Vorpommern zeigen sich die ... Probleme [Ostdeutschlands] in besonderer Konzentration, z.B. im städtischen Raum Greifswald-Stralsund mit seinen in den 1970er Jahren errichteten Neu- = Plattenbausiedlungen (teils mit, teils ohne Gemeindezentren). Die evangelischen Gemeinden müssen sich in einem schwierigen sozialen Umfeld neu orientieren, das durch hohe Arbeitslosigkeit, Abwanderung, Suchtprobleme, Überalterung etc. gekennzeichnet ist und insgesamt Tendenzen zeigt, zum sozialen Brennpunkt zu werden. Der Mangel an religiöser Orientierung trifft dabei zusammen mit massiven Vorurteilen gegenüber der Kirche in der älteren Generation und generellem Desinteresse weiter Teile der Bevölkerung an der Kirche. Vorpommern bietet sich als ‚Ernstfall' des Gemeindeaufbaus geradezu als kybernetisches Testfeld an.“[5]
Die Situation sieht aus der Sicht des Jahres 2005 nicht anders aus: Man kann die Lage an drei spezifischen Merkmalen erläutern:

1. Die allgemeinen Lebensbedingungen sind schwieriger als an anderen Orten Deutschlands.

2. Die Hochschullandschaft Mecklenburg-Vorpommerns steckt in einer tiefen Finanz- und Strukturkrise.

3. Die kirchliche Situation hat sich nicht wesentlich verbessert. Es ist nicht gelungen, den Abwärtstrend aufzuhalten.

Zu 1.: Im Januar 2005 veröffentlichte die „ZEIT“ eine Landkarte Deutschlands, die die einzelnen Regionen nach ihren Leistungen für

---

2 Prof. Dr. Jörg Ohlemacher und Prof. Dr. Michael Herbst.

3 Bischof Dr. Hans-Jürgen Abromeit und (bis zu seinem Ausscheiden 2003) Konsistorialpräsident Hans-Martin Harder.

4 Generalssekretär Hartmut Bärend (Berlin) und Pfarrer Klaus-Jürgen Diehl (Dortmund), der ab 2004 von Superintendent Klaus Kaden (Pirna) abgelöst wurde.

5 Konzept für ein „Institut für Evangelisation und Gemeindeaufbau“ – Version 7 vom 17.1.2002. Manuskript. Greifswald 2002, 4.

Familien bewertete: „Wo Familien am besten leben“.[6] Dieser „Familienatlas“ zeigt die Ergebnisse einer Prognos-Studie in Zusammenarbeit mit der „ZEIT“ und dem Bundesfamilienministerium.[7] Die Region Vorpommern rangiert hier an letzter Stelle. Der Kommentar lautet: „Knapp die Hälfte der ostdeutschen Regionen (mit Schwerpunkt im östlichen Mecklenburg und Vorpommern) darf man mit Fug und Recht als familienpolitische Krisengebiete bezeichnen. Die Bevölkerung schrumpfte dort in den letzten Jahren um knapp ein Prozent im Jahr (ganz Deutschland plus 0,1%). Die Arbeitslosigkeit liegt bei 20,5%. 14,4% der Jugendlichen verlassen die Hauptschule ohne Schulabschluss, in manchen Orten liegt die Abbrecherquote bei 26% (bundesweit: 9,6%). Besonders viele Kinder und Jugendliche leben von der Sozialhilfe. Auch sicher sind die fraglichen Gegenden nicht: Einbrüche und Körperverletzungen kommen deutlich häufiger vor als anderswo. Ein Drittel mehr Kinder als im Bundesdurchschnitt werden im Straßenverkehr verletzt.“[8] Eine Region mit solch schwerwiegenden Problemen stellt vor spezifische Herausforderungen: Können Gemeinden auch in einem solchen Kontext Hoffnungsträgerinnen sein für die Menschen, die auch weiterhin und auf Dauer hier zu leben versuchen?[9] Kann der christliche Glaube auch für Menschen neu bedeutsam werden als transformierende Kraft für das persönliche und gemeinsame Leben? Und kann die soziologische Aussage über den Wert von Kirchengemeinden mit missionarischem Leben erfüllt werden? Deutlich sei, so der Soziologe Karl Gabriel, „dass Kirchengemeinden zu den Kristallisationspunkten gehören, die für die Aufrechterhaltung eines lokalen Selbstbewusstseins in Verarmungsgebieten eine wachsende Bedeutungszuschreibung erhalten.“[10] Ein Forschungsinstitut müsste nach den (re-)vitalisierenden Kräften fragen, die eine Gemeinde zur Hoffnungsträgerin in ihrem Kontext machen kann. Dabei muss ein Missionsbegriff zugrunde gelegt werden, der den Kontext wahr- und ernstnimmt und zugleich den Hiatus zwischen Evangelisation und Diakonie überwindet.

Zu 2.: Das erste Halbjahr 2005 stellte die Hochschulen in Mecklenburg-Vorpommern erneut vor größte Schwierigkeiten. Auch wenn sich die Universität Greifswald nach der Wende erfolgreich als kleine, innovative und studentenfreundliche Universität aufstellen konnte, wur-

6 *Susanne Gaschke*, Wo Familien am besten leben. In: DIE ZEIT, Nr. 4, 20.1.2005, 6+7.

7 www.prognos.com/familienatlas (20.1.2005).

8 *Susanne Gaschke*, a.a.O.

9 *Bill Hybels*, Courageous Leadership. Grand Rapids 2002, 15: „The local church is the hope of the world.“

10 *Karl Gabriel*, Gemeinde im Spannungsfeld zwischen Neuorientierung und gesellschaftlichem Wandel, in: Diakonia 34 (2003), 280-287, Zitat 281f.

de der finanzielle Druck bedingt durch die maroden Landesfinanzen immer stärker zum Problem. Der Abbau von 600 Stellen in der Hochschullandschaft Mecklenburg-Vorpommern wurde von der Landesregierung verlangt. Wieviel Wissenschaft kann sich dieses arme Land in Zukunft noch leisten? Die Rektoren der beiden Universitäten Greifswald und Rostock befanden, dass Theologie in Greifswald nicht mehr dazu gehören sollte, aber auch weite Teile der Geisteswissenschaften verzichtbar seien.[11] Die Bedrohung der Theologie ließ sich zwar abwenden. Aber die Diskussion über Bildung bleibt ein Dauerthema angesichts der leeren Kassen. Inwiefern schließt Bildung mehr ein als das, was wir zählen, messen, wiegen können? Und warum gehört religiöse Bildung in einem post-sozialistischen und post-volkskirchlichen Kontext noch (oder gar wieder) zu den Wissenbeständen, auf die man nicht verzichten darf? Der Rückgriff auf die Kulturgeschichte trägt nicht mehr allzu weit, auch wenn es wahr ist, dass man seinen „Faust“ ohne die Bibel nicht verstehen kann. Wenn die Mehrheit der Bevölkerung mit großer Selbstverständlichkeit konfessionslos ist, muss die Theologie Rechenschaft geben können über Verlust und Gewinn. Warum ist in zwei Diktaturen den Menschen Wesentliches verloren gegangen, als sie von der christlichen Religion entwöhnt wurden? Und was könnten ihnen an Notwendigem zukommen, wenn man sich auch um ihr Verständnis und Einverständnis in Sachen Glauben müht – und das heißt doch: missionarisch müht? Ein Forschungsinstitut müsste also benennen können, was dem konfessionslosen Menschen als Evangelium not tut, und wie es nach dem langfristigen Abbruch der alten (kirchlichen) Kommunikationswege zu einer erneuten Verständigung über den Glauben kommen kann – trotz der erfolgreich weitervererbten Skepsis gegenüber allem Religiösen, trotz des antikirchlichen, nahezu missionsresistenten Klimas in weiten Teilen der Bevölkerung. Das alles müsste ein solches Institut im Konzert der Wissenschaften leisten.

Zu 3.: Auch 15 Jahre nach der Wende ist der Abwärtstrend nicht umgekehrt, nicht einmal gebremst worden. Die Pommersche Kirche schrumpft. Sie verliert Jahr um Jahr an Mitgliedern, auch wenn das mehr mit Abwanderung und Überalterung als mit Kirchenaustritten zu tun hat. Mittelfristig wird die Pommersche Evangelische Kirche unter die Marke von 100.000 Gliedern fallen, und zwar deutlich. Naiv ist, wer das kurzfristig meint ändern zu können. Natürlich schließt diese Situation finanzielle Sorgen ein, die zu heftigen Debatten über Prioritäten und Posterioritäten in der kirchlichen Arbeit führen. Viel zu groß ist der Anzug, in dem die Kirche noch daherkommt, eine Reduktion z.B. der Pfarrstellen ist unvermeidbar. Ein Leitbildprozess soll Hilfen

11 Ostseezeitung, Nr. 45, 23.3.2005,1+13.

zur Entscheidung geben und ein Pommerscher Perspektivplan Ziele und Maßnahmen kirchlicher Arbeit zusammenstellen, die ein „Wachsen gegen den Trend" verheißen. Das ist die anspruchsvolle Aufgabe, vor der die Kirche sich sieht: Sie muss in vielen Bereichen den schmerzhaften Abbau organisieren. Sie muss entscheiden, was sie weiterhin tun und was sie lassen soll, z.B. weil andere vieles vielleicht sogar besser tun können. Sie muss verantwortlich mit dem, was gesund ist, umgehen, um nicht mit dem, was nicht mehr bestehen kann, auch das wegzuschneiden, was sehr wohl Zukunft hat. Aber sie muss – um des Evangeliums willen – zugleich aufbrechen, hier und da investieren, hier und da Neues wagen und auf Wachstum und Erneuerung hoffen. Sie muss also arbeiten und beten. In einer nicht mehr volkskirchlichen, sondern missionskirchlichen Situation darf sie sich nicht mit denen zufriedengeben, die schon da sind, sondern muss ihre Mission erfüllen: allen das Evangelium von Jesus Christus nahezubringen. In seinem Bischofsbericht schlug Bischof Dr. Abromeit der Pommerschen Landessynode im Oktober 2004 eine Formulierung vor, die in diese Richtung weist: „Die Pommersche Evangelische Kirche will den Menschen in Vorpommern, auch den gott- und kirchenfernen, in Wort und Tat die Gute Nachricht weitergeben, dass Gott sie liebt und er sie zu Nachfolgern Jesu Christi machen will."[12] Ein Forschungsinstitut müsste diese kirchliche Lage als Ernstfall für jede Kirche, die „Kirche für das ganze Volk" sein will, begreiflich machen. Sie müsste in Forschung, Lehre und Weiterbildung Theologinnen und Theologen zurüsten, Mission in Entkirchlichungsgebieten theologisch und kirchlich-praktisch zu verantworten. Sie müsste über den Kreis der Hauptamtlichen hinaus helfen, die Gemeinden zu ermutigen, zu informieren und mit der nötigen Kompetenz auszurüsten, damit die Kirche zur Missionskirche werden kann.

Diese Fragen haben eine längere und in der jüngsten Vergangenheit neu belebte Tradition in Greifswald. Besonders an den beiden praktisch-theologischen Lehrstühlen gab es eine für dieses Fach nicht selbstverständliche Sensibilität für das Missionsthema. Aus diesem Grund fand sich in Greifswald schnell Interesse, als das Missionsthema für Forschung und Lehre erneut aufgerufen wurde:

II. Die Entstehung des Instituts zur Erforschung von Evangelisation und Gemeindeentwicklung

Schon der Name ist eine Geschichte wert. Keineswegs leicht zu merken und auszusprechen, ist er das Ergebnis komplizierter Verhandlun-

12 *Hans-Jürgen Abromeit*, Was bewegt die Pommersche Evangelische Kirche? Unsere Kirche auf dem Weg zu ihrer Mission. Manuskript Greifswald 2004, 12.

gen in der Konzeptions- und Gründungsphase des Greifswalder Institutes. Die komplexe Verhandlungssituation wird in diesem Abschnitt schnell zu erkennen sein.

1. „1999“ als Kontext

Das Jahr 1999 wird vielleicht einmal im Rückblick als ein Jahr betrachtet werden, das eine unerwartete Trendwende im Blick auf Mission und Evangelisation im Raum der EKD hervorbrachte. Auf der EKD-Synode in Leipzig bekannte sich Eberhard Jüngel wortmächtig zur evangelistischen Verkündigung.[13] Sein Hauptvortrag rechnete mit den Herzrhythmus-Störungen einer Kirche ab, die nicht mehr evangelisiert: „Wenn Mission und Evangelisation nicht Sache der ganzen Kirche ist oder wieder wird, dann ist etwas mit dem Herzschlag der Kirche nicht in Ordnung. ... Die Kirche muss, wenn sie am Leben bleiben will, auch ausatmen können. Sie muss über sich selbst hinausgehen, wenn sie die Kirche Jesu Christi bleiben will. Sie kann als die von seinem Geist bewegte Kirche nicht existieren, wenn sie nicht auch missionierende und evangelisierende Kirche ist oder wieder wird.“[14] Evangelisation darf also nicht nur das „Hobby“ der besonders eifrigen Frommen sein. Wer nicht evangelisiert, der "nostrifiziert“[15] das Evangelium, er widersteht dem Auferstandenen, der selbst „noch unterwegs“ ist und „wandert“, damit aus den zweien oder dreien, die sich versammeln, bald vier, fünf und mehr werden.[16] Natürlich weiß auch Jüngel, dass in der Praxis der Evangelisation so manches schief liegt, und dass Evangelisation zu Indoktrination verkommen kann.[17] Gleichwohl vermag solcher Missbrauch für Jüngel nicht den rechten Gebrauch der Evangelisation zu diskreditieren: Möglichst alle sollen erfahren, dass die Nacht im Schwinden ist (Röm. 13,12) und das wahre Licht, Christus, scheint (Joh. 8,12), ein Licht, das allen Menschen leuchtet (Joh. 1,9). Die evangelistische Predigt erzeugt dieses Licht nicht, sie bittet (!) nur darum, sich diesem Licht nicht zu verweigern. Denn: „Wer vor diesem Licht, obwohl er sogar mit Worten auf es hingewiesen wurde, erneut die Augen schließt, der bleibt in der Finsternis, in der selbstverschuldeten Finsternis. Er bleibt aber nur deshalb in

---

13 *Eberhard Jüngel,* Referat zur Einführung in das Schwerpunktthema, in: Kirchenamt der EKD im Auftrag des Präsidiums der Synode (Hg.): Reden von Gott in der Welt. Der missionarische Auftrag der Kirche. EKD-Synode 1999. Hannover und Frankfurt/Main 2000, 14-35.

14 A.a.O., 15.

15 Ebd.

16 A.a.O., 15f.

17 A.a.O., 18.

der Finsternis, weil er in ihr bleiben will."[18] Evangelisation will einer in die Finsternis verliebten Welt die Augen öffnen, dass der Tag anbricht: Dass Gott mit dem Menschen zusammenkommen und zusammenleben will, das ist zugleich Inhalt und Ziel der Evangelisation: „Habe ich das im Evangelium laut werdende Ja Gottes als ein mir ganz persönlich geltendes, mich befreiendes Ja vernommen, dann wird es zu einer dankbaren Antwort kommen: dann wird es zum Gebet kommen. ... Und das dürfte dann auch die Pointe aller missionarischen und evangelisierenden Tätigkeit sein: nämlich dem angesprochenen Ich zur Erkenntnis derjenigen Wahrheit zu verhelfen, die zeitlich und ewig frei macht und eben deshalb beten lehrt."[19]

In ihrer Kundgebung[20] hat sich die EKD-Synode weitgehend diesem Votum des Tübinger Theologen angeschlossen. Im Blick auf die Getauften etwa sagt sie: Eine Kirche, die Kinder tauft, ist dazu verpflichtet, zum persönlichen Glauben hinzuführen."[21] Im Blick auf die Kirche sagt sie: „Der Leib Christi soll wachsen. Darum wollen die Kirchen Mitglieder gewinnen. ... Eine Kirche, die den Anspruch, wachsen zu wollen, aufgegeben hat, ist in der Substanz gefährdet."[22] Im Blick auf die vielen Menschen, zu denen die Kirche den Kontakt verloren hat, sagt sie: „Dabei dürfen wir nicht darauf warten, dass die Menschen von sich aus das Gespräch über Gott und die Welt suchen. Wir müssen auf sie zugehen und mit der christlichen Botschaft in den Lebenszusammenhängen der dem Glauben ferngerückten oder entfremdeten Menschen gegenwärtig sein."[23] Und im Blick auf die Massen der konfessionslosen Menschen in den östlichen Bundesländern sagt sie: „Die Menschen haben die Kirche massenhaft verlassen, sie sind aber nur als einzelne zurückzugewinnen."[24]

Nachdem die EKD-Synode also ein klares Plädoyer für Mission und Evangelisation als Priorität auf der kirchlichen Agenda abgegeben hatte, folgte im Jahr 2000 eine kleine Studie, die im Auftrag des Kirchenamtes der EKD nahezu parallel zu den synodalen Prozessen um Leipzig 1999 entstanden war. Dabei ging es der EKD-Arbeitsgruppe um die Frage, wie man im 3. Jahrtausend „das Evangelium unter die Leute

---

18 A.a.O., 21.
19 A.a.O., 28.
20 Kundgebung der 9. Synode der Evangelischen Kirche in Deutschland auf ihrer 4. Tagung zum Schwerpunktthema: Reden von Gott in der Welt – Der missionarische Auftrag der Kirche an der Schwelle zum 3. Jahrtausend, a.a.O., 36-45.
21 A.a.O., 36.
22 Ebd.
23 A.a.O., 40.
24 Ebd.

bringen“[25] könnte. Die Verfasser spürten den „Rückenwind“ für dieses Thema:

- Der Theologische Ausschuss der Arnoldshainer Konferenz veröffentlichte ebenfalls 1999 ein Votum unter dem Titel „Evangelisation und Mission“ mit der Forderung nach einem „Leitbild einer evangelisierenden Gemeinde“, also einer Gemeinde, die nicht nur in besonderen evangelistischen Aktionen versucht, Menschen für den Glauben zu gewinnen, sondern deren ganzes Veranstaltungsangebot im Gemeinschaftsleben eine Einladung zum Glauben und zur Nachfolge ist.“[26]
- Die Arbeitsgemeinschaft Christlicher Kirchen (ACK) hat einen Studienprozess zur missionarischen Herausforderung in Deutschland angestoßen und zu einem „Aufbruch zu einer missionarischen Ökumene“ ermuntert. In einer Thesenreihe schreibt Dietrich Werner: „Wir beobachten Anzeichen einer wachsenden Wiederannäherung und Neuinterpretation des Begriffs von ‚Mission'. Die Einsicht ist unabweisbar geworden, dass Mission und Evangelisation, d.h. die glaubwürdige Kommunikation des Evangeliums, auch in Deutschland selbst zu einer drängenden Aufgabe geworden sind. Im Horizont des ökumenischen Gesprächs mit Kirchen in Übersee sind wir in der Rolle der Befragten im Blick darauf, was wir unter einem missionarischen Leitbild von Kirche und Gemeinde in unserem eigenen Kontext verstehen.“[27]
- In der katholischen Kirche wird zeitgleich engagiert über Mission und Evangelisation nachgedacht. Es sei nun „Zeit zur Aussaat“.[28] Der Erfurter Bischof Joachim Wanke bemerkt – ebenfalls 1999 –: „Im Osten Deutschlands wird es sich entscheiden, ob der christliche Glaube in seiner kirchlichen Gestalt in der säkularisierten Gesellschaft Deutschlands überhaupt noch missionarische Stoßkraft entwickeln kann. Einen konfessionslosen Thüringer zum Christen werden zu lassen scheint mir bedeutsamer, zumindest schwieriger, als einen animistischen Afrikaner zu taufen.“[29]

---

25 Kirchenamt der Evangelischen Kirche in Deutschland (Hg.): Das Evangelium unter die Leute bringen. Zum missionarischen Dienst der Kirche in unserem Land. EKD-Texte Nr. 68. Hannover 2001.

26 Theologischer Ausschuss der Arnoldshainer Konferenz: Evangelisation und Mission. Neukirchen-Vluyn 1999, 11.

27 *Dietrich Werner*, Thesenpapier zum ACK-Studienprozess. In: EMW, ACK und *missio* (Hg.): Aufbruch zu einer missionarischen Ökumene. Ein Verständigungsprozess über die gemeinsame Aufgabe der Mission und Evangelisation in Deutschland. Hamburg 1999, 18-23, Zitat 18f.

28 Sekretariat der Deutschen Bischofskonferenz (Hg.): „Zeit zur Aussaat.“ Missionarisch Kirche sein. Bonn 2000.

29 *Joachim Wanke*, Missionarische Herausforderungen im gesellschaftlichen Kontext Deutschlands. Perspektive Ostdeutschland. In: EMW, ACK und *missio* (Hg.): Aufbruch zu einer missionarischen Ökumene. Ein Verständigungsprozess

Diese Impulse nahm die EKD-Arbeitsgruppe auf und versuchte zugleich, eine möglichst breite „Verantwortungsgemeinschaft für die Weitergabe des Glaubens an Jesus Christus zu begründen. Sie soll verschiedene Gruppen in unserer Kirche umfassen, Haupt- und Ehrenamtliche, evangelistisch Engagierte und Zurückhaltende, unermüdliche und ermüdete Christinnen und Christen."[30]
Dabei geriet ein Bereich in den Blick, von dem man wohl mit Fug und Recht behaupten darf, dass er beim Thema „Mission und Evangelisation" sicher eher zu den „Zurückhaltenden" als zu den „Engagierten" zu rechnen ist: die universitäre Theologie. [31] Wenn es wahr ist, dass Mission und Evangelisation zum Wesen der Kirche gehören, dann gehören diese Themen auch zu einer seriösen theologischen Forschung und Lehre. Das war nicht immer allen so klar, und das ist auch heute noch längst nicht allen klar. Nimmt man etwa die Aus- und Weiterbildungsaufgabe der akademischen Theologie, so waren Evangelisation und Gemeindeentwicklung lange Zeit so seriös wie etwa ein Lehrangebot im Fach Jura: „Beiträge zur Förderung des effektiven Hausfriedensbruchs" oder im Fach Betriebswirtschaft ein Kolloquium über „Karrierechancen für erfolgreiche Hausierer". Denn etwa so anrüchig waren Evangelisation und Mission, nur eben als religiöser Hausfriedensbruch und als christliche Hausiererei.
Aber auch hier sind Änderungen in Mentalität und Praxis wahrzunehmen. Darum stellt auch die EKD-Studie – neben anderen Anregungen zum Programm einer Verantwortungsgemeinschaft für den Glauben – eine Forderung auf:

über die gemeinsame Aufgabe der Mission und Evangelisation in Deutschland. Hamburg 1999, 135-140, Zitat 138.

30 Kirchenamt der Evangelischen Kirche in Deutschland (Hg.): Das Evangelium unter die Leute bringen. Zum missionarischen Dienst der Kirche in unserem Land. EKD-Texte Nr. 68. Hannover 2001, 6.

31 Diese Zurückhaltung wird eindrucksvoll durch die kontroverse Debatte über Mission in der Zeitschrift „Pastoraltheologie" 2002 und 2003 und an anderen Stellen belegt: Themenheft „Mission!? – ein Reizwort in der praktisch-theologischen Diskussion" = PTh 91 (2002), Heft 4. Besonders „kräftig" äußerten sich *Gerald Kretzschmar*, Wahrnehmung statt Mission. In: PTh 91 (2002), 328-343, sowie *Jan Hermelink*, *Reinhard Kähler* und *Birgit Weyel*, In der Vielfalt liegt die Stärke. Konsequente Mission oder interessierte Kommunikation – wie soll sich die Kirche orientieren?, in: Zeitzeichen 11 (2001), 38-40, sowie *Reinhard Kähler*, Missionarische Kompetenz, in: PTh 91 (2002), 137-145. Anders dagegen *Reiner Knieling*, Wahrnehmung und Mission, in: PTh 92 (2003), 287-299. Grundsätzlich zur „neuen" Missionsdiskussion: *Feldtkeller / Sundermeier*, Mission in pluralistischer Gesellschaft, Frankfurt a. M. 1999; *Michael Böhme u.a.* (Hg.), Mission als Dialog. Zur Kommunikation des Evangeliums, Leipzig 2003. Zum Verhältnis von Mission und praktischer Theologie s. *Christian Grethlein*, Praktische Theologie und Mission, in: Evangelische Theologie 61 (2001), 387-399.

„Im internationalen Vergleich sind in Deutschland akademische Forschung und Lehre in Sachen Evangelisation nicht so entwickelt, wie es für die Zukunft der Kirche nötig wäre. Das evangelisierende Handeln der Kirche bedarf der wissenschaftlichen Begleitung. Dafür fehlt bisher ein Organisationsrahmen, um die in den einzelnen theologischen Disziplinen für die Evangelisation relevanten Erkenntnisse aufeinander zu beziehen, an der Praxis in den Kirchen auszurichten und die kirchliche Praxis auf ihre Erneuerungsfähigkeit hin zu analysieren. Solches könnte in einem *„Institut für Evangelisation"* geschehen, das einer Evangelisch-Theologischen Fakultät angegliedert und von mehreren Landeskirchen im Einzugsbereich dieser Fakultät gemeinsam getragen wird. ...“[32]

2. Das Konzept

Diesen „Ball“ nahmen nun Theologen aus Greifswald auf: die bereits erwähnte Gruppe um die Greifswalder Praktischen Theologen Jörg Ohlemacher und Michael Herbst, den Pommerschen Bischof Hans-Jürgen Abromeit und den damaligen Konsistorialpräsidenten Hans-Martin Harder. Dazu kamen aus Berlin der Generalsekretär der Arbeitsgemeinschaft Missionarische Dienste Hartmut Bärend und aus Dortmund der Leiter des Amtes für Missionarische Dienste in der Evangelischen Kirche von Westfalen, Klaus-Jürgen Diehl. Diese Gruppe traf sich von nun an regelmäßig in der Theologischen Fakultät in Greifswald und beriet das Konzept eines solchen Institutes. Später trat der sächsische Superintendent Klaus Kaden aus Pirna an die Stelle des westfälischen Pfarrers Klaus-Jürgen Diehl.
Von Anfang an war allen Beteiligten klar, dass ein solches Institut in Greifswald vor der anspruchsvollen Aufgabe stünde, theologisch seriös über Mission in einem nach-volkskirchlichen Kontext zu reflektieren und kirchliche Strategien für missionarische Gemeinden im Osten und Westen der Republik zu entwickeln. Auf diese Weise sollte das praktisch-theologische Defizit im Blick auf diese Themen bearbeitet werden. Denn: Die „Fragen der evangelistischen Verkündigung und des missionarischen Gemeindeaufbaus spielen .. bislang in der Aus-, Fort- und Weiterbildung der Theologinnen und Theologen nur eine marginale Rolle. Von einigen Ausnahmen abgesehen (Manfred Seitz, Eberhard Winkler, Christian Möller) haben diese Fragen auch in der theologischen Forschung im Bereich der Praktischen Theologie nur einen geringen Stellenwert.“[33] Christian Grethlein stellte ja mit Recht

32 A.a.O., 40.

33 Konzept für ein „Institut für Evangelisation und Gemeindeaufbau“ – Version 17 vom 25.2.2004. Manuskript. Greifswald 2002, 3.

kritisch fest, dass der Praktischen Theologie das Thema Mission (im Gegensatz zu dessen überragender Bedeutung im 19. Jahrhundert) im 20. Jahrhundert weithin verloren gegangen ist.[34]
Darum war die Zielvorgabe deutlich markiert: „In diesem Institut werden die Fragen der missionarischen Gemeindeentwicklung und der evangelistischen Verkündigung als kirchliche Basisaufgaben vor dem Hintergrund einer nachchristlichen Gesellschaft wissenschaftlich und in kirchlicher Aus-, Fort- und Weiterbildung bearbeitet werden. Dabei stehen die Förderung der Sprachfähigkeit für den christlichen Glauben und der kybernetischen Kompetenz für den Aufbau christlicher Gemeinden im Vordergrund."[35]
Was aber heißt das konkret? Mit welchen Themen soll sich das neue Institut beschäftigen? Natürlich sollten Evangelisation und Gemeindeentwicklung im Mittelpunkt stehen. Aber diese beiden Begriffe wurden nun durch einen Themenkanon konkretisiert, der die Arbeitsfelder für die Mitarbeiter des Institutes seit dem Frühjahr 2004 beschreibt:

– Historische Aspekte von Mission in Deutschland: Geschichte der Volksmission und Evangelisation.[36]
– Empirische Fragen: Faktoren zur Entstehung einer Glaubensbiografie bei Erwachsenen, Erfahrungen mit der Revitalisierung von Kirchengemeinden.
– Theologie der Evangelisation: hermeneutische Grundlegung einer Missionstheologie für den deutschsprachigen, spät- bzw. nachvolkskirchlichen Kontext, Entwicklung einer evangelistischen Homiletik, Theorie und Praxis neuer Gottesdienstformen für Kirchendistanzierte und Konfessionslose.
– Praxis der Evangelisation: Herausgabe der deutschen Übersetzung des anglikanischen Emmaus-Kurses beteiligt, eines Gemeindeaufbau-Programms, in dessen Zentrum ein kommunikativ gestalteter Grundkurs des Glaubens steht.[37]
– Theologie der Gemeindeentwicklung: Zukunft der Parochie und neuer ergänzender Kirchen- und Gemeindestrukturen, z.B. in An-

34 *Christian Grethlein*, Praktische Theologie und Mission, in: Evangelische Theologie 61 (2001), 387-399.

35 Konzept für ein „Institut für Evangelisation und Gemeindeaufbau" – Version 17 vom 25.2.2004. Manuskript. Greifswald 2002, 1.

36 *Jörg Ohlemacher*, Das Reich Gottes in Deutschland bauen. Ein Beitrag zur Vorgeschichte und Theologie der Deutschen Gemeinschaftsbewegung. AGP 23. Göttingen 1986; Ders., Evangelikalismus und Heiligungsbewegung im 19. Jahrhundert, in: *U. Gäbler* (Hg.), Der Pietismus im neunzehnten und zwanzigsten Jahrhundert. Geschichte des Pietismus, Bd. 3. Göttingen 2000, 371-391; Ders., Gemeinschaftschristentum in Deutschland im 19. und 20. Jahrhundert. A.a.O., 393-464.

37 *M. Herbst* (Hg.), Emmaus – Auf dem Weg des Glaubens. Handbuch und Kursbuch I –V. Neukirchen-Vluyn 2002-2005.

lehnung an die anglikanische Church-Planting-Strategie[38], die vorhandene Parochien durch netzwerkbezogene Gemeindepflanzungen ergänzt.
- Ganzheitliche Missionstheologie: Verknüpfung von Evangelisation und Gemeindeentwicklung mit den Fragen nach Bildung und Diakonie.
- Fort- und Weiterbildung von Pfarrerinnen und Pfarrern: Weiterbildungsveranstaltungen zur Förderung der kybernetischen und missionarischen Kompetenz sowie Langzeitweiterbildung im Spirituellen Gemeindemanagement,[39] das heißt: Weiterbildung für Pfarrerinnen und Pfarrer in Fragen der Führung einer Kirchengemeinde, der eigenen spirituellen Existenz wie der Entwicklung einer Vision und Strategie für die eigene Gemeinde.
- Praxisfeld und Dienstleistung: Aufgaben einer Agentur für missionarische Dienste im Raum der Pommerschen Evangelischen Kirche

Dabei stand von Anfang an fest, dass diese Themen auf verschiedenen Arbeitsebenen behandelt werden sollten:
- zum einen durch regelmäßige Lehrveranstaltungen für Studierende an der Theologischen Fakultät Greifswald,
- zum anderen durch Angebote der Weiterbildung für verschiedene kirchliche Berufe (z.B. durch ein Summer Sabbatical für Gruppen von bis zu 15 Pfarrerinnen und Pfarrer während des Sommersemesters),
- zum dritten durch Forschungsaktivitäten (Betreuung von Dissertationen und Habilitationen, Durchführung von Symposien und Tagungen, Publikationen in einer eigenen Verlagsreihe unter dem Label „Beiträge zur Evangelisation und Gemeindeentwicklung" [BEG]),
- zum vierten durch Vorträge und die Mitwirkung bei auswärtigen Konferenzen und in Forschergruppen (z.B. dem International Research Consortium „Congregational Mission and Social Sciences").

Zusammengehalten werden diese verschiedenen Aktivitäten durch einen missionstheologischen Ansatz, der von der „prinzipellen Gemeindlichkeit des Glaubens" (Paul M. Zulehner) ausgeht: Zum einen entsteht nach aller Erfahrung Glaube, wenn glaubwürdige Gemeinschaft angeboten wird. In empirischen Studien wird immer wieder belegt, dass Menschen sich für den Glauben öffnen, weil sie in Beziehung zu anderen standen, die glaubten, sie einluden und mit ihnen un-

---

38 Church House Publishing: Mission-shaped Church. London 2004.

39 *Hans-Jürgen Abromeit u.a.* (Hg.), Spirituelles Gemeindemanagement. Göttingen 2001.

terwegs waren.[40] Es gibt auch so etwas wie die fundamentale Gemeindlichkeit der christlichen Mission. Dann aber muss uns die Sprach- und Kontaktfähigkeit der Gemeindeglieder in unserer Kirche am Herzen liegen. Und es muss „sichere" Orte geben, gemeindliche Angebote wie z.B. sucherfreundliche Gottesdienste, in die der Christ seine kirchendistanzierten und konfessionslosen Freunde einladen kann, ohne dass es sie auf ihrem Weg eher zurückwürfe als förderte. Zum anderen überlebt nach aller Erfahrung der Glaube nicht ohne Gemeinde. Es gibt eben so etwas wie eine „prinzipielle Gemeindlichkeit des christlichen Glaubens". Anders gesagt: Die christliche Gotteserfahrung ist sozialer Art. Sie ist auf die Plausibilitätsstruktur (Peter L. Berger) der Gemeinde angewiesen. Wer glaubt, wird Glied am Leib Christi. Zwar wird bei nachlassender Traditionslenkung die persönliche Entscheidung zum Glauben immer wichtiger. Ein „persongestütztes Christentum" muss an die Stelle des nachlassenden „kulturgestützten Christentums" treten, sagte Paul Zulehner bei der feierlichen Eröffnung des Instituts im Mai 2004. Aber dieses „persongestützte Christentum" wird nur im Raum der Gemeinde überlebensfähig sein. Und umgekehrt muss Gemeinde zum Raum werden, indem ein glaubensförderliches Klima für Menschen auf unterschiedlichen Etappen der spirituellen Reise entsteht. Dazu wiederum bedarf es einer eigenen missionarischen Mentalität, die das Leben der Gemeinde aus der Perspektive derer sieht, die noch nicht glauben oder gerade beginnen zu glauben. Und es bedarf spezifischer Angebote der Einführung in christliches Glauben und Leben, etwa in Grundkursen des Glaubens.

3. Gründungsphase 2001-2004

Lange hat uns der – zugegebenermaßen nicht leicht kommunizierbare – Name beschäftigt. Vieles wurde diskutiert: Institut für missionarischen Gemeindeaufbau, Institut für Mission und Evangelisation, Dietrich-Bonhoeffer-Institut, Nikodemus- oder Philippus-Institut usw. Wie sollten wir mit den belasteten Vokabeln „Mission" und „Evangelisation" umgehen? Und welcher Name würde ebenso deutlich Thema und Profil benennen, aber auch für Seriosität stehen und Vertrauen wecken?

„Ach, Sie sind also der Missionar?" Es klang nicht unbedingt wie eine Empfehlung. Mission ist ein „erkrankter" Begriff. Er transportiert mache schlechte Erfahrung, freilich auch dieses und jenes Vorurteil und ruft darum häufig Abwehr hervor. Wir haben dabei in Greifswald eine interessante Erfahrung gemacht. Unsere Gesprächspartner in der

40 Zum Beispiel *John Finney*, Finding Faith Today. How Does It Happen? Swindon 1992.

Gründungsphase waren Vertreter sowohl der Kirchen bis hin zur EKD als auch der Universität, also etwa des Senates und der Hochschulleitung. Bei den Uni-Leuten weckte der Begriff „Mission“ genau die beschriebene Abwehr, während sie „Evangelisation“ ganz unproblematisch fanden. Bei den kirchlichen Gesprächspartnern war es genau umgekehrt. Die Rehabilitation des Missionsbegriffs zeitigt hier ihre Wirkung – der Evangelisationsbegriff aber ist schwer belastet, freilich auch enggeführt im Blick auf bestimmte Veranstaltungstypen und Predigttechniken. Hier kann auch die Unterscheidung von „evangelism“ und „evangelisation“ im Englischen weiterhelfen. Während Letzteres sich auf eine Veranstaltungsform bezieht, bezeichnet ersteres die vom Griechischen *euaggelizesthai* her kommende für die Kirche konstitutive Aufgabe glaubenweckender Verkündigung.

Wir haben uns dann – aber durchaus aus Überzeugung – für den Evangelisationsbegriff entschieden, in der Hoffnung, ähnliche „Heilungsprozesse“ in Gang bringen zu können wie weiland beim Missionsbegriff. Aufgrund unseres missionstheologischen Ansatzes bei der „Gemeindlichkeit“ des Glaubens war es uns wichtig, Evangelisation von Anfang an mit Gemeindeentwicklung zu verknüpfen. Und als universitäre Einrichtung sollten wir einen starken Akzent (neben Lehre und Weiterbildung) auf die Forschung legen. So kam es zum „Institut zur Erforschung von Evangelisation und Gemeindeentwicklung“.

Aber wie sollte dieses Institut nun strukturell an der Universität verankert werden?

Zunächst war die Gründung eines Institutes *an der* Universität Greifswald geplant. Die entsprechenden Gremienentscheidungen für ein An-Institut fielen einstimmig: Im Dezember 2002 befürwortete der Fakultätsrat der Theologischen Fakultät die Gründung. Die Universität wollte sich durch die Bereitstellung von Räumen beteiligen. Ebenfalls im Dezember 2002 stimmte der Vertrauensrat der AMD dem Projekt zu und äußerte die Bereitschaft zur Beteiligung als Mit-Trägerin des neuen Instituts. Als Rechtsform sollte eine gemeinnützige GmbH gegründet werden, die einen Kooperationsvertrag mit der Universität Greifswald schließen sollte, so dass das Institut den Rang eines An-Institutes erlangt hätte (nach § 95 LHG Mecklenburg-Vorpommern).

Im Dezember 2003 eröffnete jedoch die Hochschulleitung die Chance, das Institut als Institut *der* Theologischen Fakultät zu begründen. Die Pommersche Kirche und der Vertrauensrat der AMD stimmten zu, ebenso einstimmig der Fakultätsrat der Theologischen Fakultät (4.12.2003) und der Senat der Universität (17.12.2003). Der Antrag an das Rektorat wurde am 27.1.2004 positiv beantwortet.

Ebenso spannend wie die Rechtsform war natürlich die Frage nach der Ausstattung. Wer würde am Institut arbeiten? Woher sollten die Mittel kommen? Nachdem die EKD sich nicht zur Trägerschaft und finanziellen Beteiligung verstehen konnte, wurden Verhandlungen mit einzelnen Landeskirchen geführt, die letztlich erfolgreich waren:

- Bereits im Juni 2003 hatte die Synode der Pommerschen Evangelischen Kirche beschlossen, sowohl die Mitträgerschaft zu übernehmen als auch für zunächst sechs Jahre eine Pfarrstelle zur Verfügung zu stellen. Diese Stelle hat am 1.4.2004 Pfarrer Matthias Bartels (früher Altenhagen bei Demmin) übernommen.
- Im Juli 2003 hat auch die Evangelische Landeskirche in Baden beschlossen, dem Institut für 6 Jahre eine Pfarrstelle zur Verfügung zu stellen. Diese Stelle wurde am 1.8.2004 von Pfarrer Martin Reppenhagen (früher Russheim bei Karlsruhe) übernommen.
- Im Dezember 2003 beschloss die Württembergische Landeskirche, die Mittel für eine weitere Stelle für 3 Jahre (mit der Option auf eine Verlängerung) zur Verfügung zu stellen. Auf diese Weise hat das Institut seit dem 1.4.2004 mit Dr. Johannes Zimmermann (ehemals Tübingen) auch einen wissenschaftlichen Geschäftsführer.

Zu diesen hauptamtlichen Mitarbeitern kommen die Praktischen Theologen Jörg Ohlemacher und Michael Herbst als nebenamtliche Direktoren hinzu.

Verschiedene Werke, Kirchen und Stiftungen (z.B. die Arbeitsgemeinschaft Missionarische Dienste, die Evangelische Kirche im Rheinland und das Diakonische Werk der EKD) haben das Institut mit regelmäßigen oder einmaligen Zuwendungen unterstützt, so dass wir die Räume in der Rudolf-Breitscheid-Straße in Greifswald, die uns die Universität stellte, gut ausstatten konnten und ab 1.12.2004 auch mit Anja Schild eine „halbe" Sekretärin für zunächst zwei Jahre (mit Mitteln der Krupp-Stiftung) einstellen konnten.

Am 12./13. Juni 2003 fand in Greifswald ein Internationales Hearing mit 80 fachkundigen Teilnehmerinnen und Teilnehmern aus Wissenschaft und Kirche statt (u.a. referierten Wolf Krötke [Berlin], Detlef Pollack [Frankfurt/Oder], Manfred Seitz [Erlangen], Burghard Krause [Göttingen] und Hans-Ulrich Kessler [Greifswald]). Dieses Hearing bot Gelegenheit zu einem intensiven Beratungsprozess im Blick auf das Konzept des Institutes.[41]

Am 1.4.2004 hat schließlich das „Institut zur Erforschung von Evangelisation und Gemeindeentwicklung" seine Arbeit aufgenommen. Noch im Jahr 2005 wird ein Förderverein für das Institut gegründet werden.

41 Das Hearing ist dokumentiert: epd-Dokumentation 42 vom 13.10.2003: Evangelisation und Gemeindeentwicklung als Gegenstand von Forschung und Lehre. Frankfurt 2003.

Das erste Jahr 2004/2005

Natürlich war dieses erste Jahr von „Findungsprozessen“ bestimmt: Das Team des neuen Institutes musste „sich finden“ und auch erst einmal an der Universität zurechtfinden. Regelmäßige Teamtreffen und eine (jährliche) Klausurtagung waren und sind dazu eine wesentliche Hilfe. Der wissenschaftliche Beirat sollte informiert und mit seinem Rat gehört werden. Auch dies soll jährlich geschehen und fand zum ersten Mal vom 2.-3.9.2004 in Berlin statt.
Aber schon das erste Jahr brachte neben Pfarrkonventen und Pastoralkollegs, abgeschlossenen Promotionsverfahren und Veröffentlichungen, Gastvorlesungen (u.a. in Bethel, Rostock, Tübingen, Debrecen und Stellenbosch) und Synodenvorträgen (Württembergische und Rheinische Landessynode) eine Reihe von konkreten Aufträgen an das Institut, die nun Konkretionen der oben genannten Arbeitsbereiche darstellen:

- Für die Evangelische Kirche im Rheinland hat das Institut eine Auswertung des synodalen Prozesses „Auf Sendung“ erarbeitet und synodalen Arbeitsgruppen präsentiert, um dann auch den weiterführenden Prozess „Vom offenen Himmel erzählen“ auf der rheinischen Landessynode vorzustellen.
- Für die die Evangelische Landeskirche in Baden erarbeitet das Institut eine Auswertung der zahlreichen sogenannten „Zweitgottesdienste“, wobei der Hauptakzent auf der Erforschung der tatsächlichen Wirkungen von Gottesdiensten für Kirchendistanzierte nach dem Vorbild der Seeker Services der Willow Creek Community Church (bei Chicago) liegt.
- Für die Pommersche Evangelische Kirche hat sich das Institut an der letzten Phase des pommerschen Leitbildprozesses beteiligt und einen Entwurf für den Pommerschen Perspektivplan entworfen sowie die weitere redaktionelle Betreuung dieses Perspektivplanes übernommen.
- Zu den Projektideen gehört die Ausbildung von ehrenamtlichen Mitarbeiterinnen und Mitarbeitern in der Gemeindeleitung, und zwar gerade für die Gebiete östlicher Landeskirchen, in denen die missionarische Herausforderung groß, aber die zukünftige Personaldecke (z.B. für Pfarrstellen) eher knapp ist. Nicht als Lückenbüßer, sondern als (auch von Pfarrerinnen und Pfarrern begleitete und unterstützte) Missionsagenten vor Ort sollen sie eine neue Variante des allgemeinen Priestertums der Gläubigen darstellen.

Zu den Projektideen gehört auch eine (mit Hilfe externer, drittmittelfinanzierter Fachleute durchgeführte) empirische Studie in einem kleinstädtischen und einem ländlichen, von Entsiedelungs- und Verar-

mungsprozessen gezeichneten Bereich mit dem Ziel, neue missionarische Strategien der Gemeindeentwicklung und Gemeindepflanzung in diesen Regionen zu initiieren und wissenschaftlich zu begleiten.
Die Finanzierung des Institutes ist bis 2010 gesichert. Das bedeutet, nüchtern gesprochen: Das Institut hat nun weitere 5 Jahre Zeit, um sich in der theologischen und kirchlichen Landschaft so aufzustellen, das *eine* Einsicht (einigermaßen) konsensfähig und darum auch (nachhaltig) haushaltswirksam wird: Zur theologischen Wissenschaft gehört auch die theologisch reflektierte, zwischen „Praxis und Praxis" platzierte Forschung und Lehre über Evangelisation und Gemeindeentwicklung.

2 Zurückschauen, um nach vorne zu gehen...

2.1 Kirche als Minderheit mit Mission Neutestamentliche Perspektiven zum Thema

Christfried Böttrich, Greifswald

Wenn man die exegetische Fachliteratur zum Thema "Mission im Neuen Testament" durchsieht, stößt man auf einen selten einmütigen Konsens: "Christliche Kirche ist missionierende Kirche oder sie hört auf, Kirche Jesu Christi im Sinne des Neuen Testaments zu sein."[1] – Sätze wie dieser finden sich bei katholischen und protestantischen Autoren, sie stoßen in allen Frömmigkeitsrichtungen auf ungeteilte Zustimmung.[2] Fragt man indessen nach der konkreten Füllung des Begriffes Mission, dann wird die Sache schwieriger. Das liegt zunächst an der schlichten Tatsache, dass in den neutestamentlichen Texten zwar das Phänomen eines Glaubens, der sich mitteilt – durch Verkündigung, Bezeugung, Werbung – allgegenwärtig ist, jedoch nicht auf einen so griffigen Begriff wie den erst spät eingeführten lateinischen Terminus der "missio" gebracht wird.[3] Das Spektrum an Geschichten, Konzepten, Modellen oder Begriffen ist breit, durch die die Verkündigung des Evangeliums Gestalt gewinnt. Bei solcher Vielfalt pflegen sich die missionstheologischen Entwürfe der Gegenwart stets zu bedienen – meist jedoch um den Preis der Einschränkung und Veren-

1 So in prägnanter Formulierung *Ferdinand Hahn*, Biblische Begründung der Mission, in: ders.: Mission in neutestamentlicher Sicht. Aufsätze, Vorträge und Predigten, MWF.NF 8, Erlangen 1999, 43-53, 43.

2 Vgl. etwa, um nur drei weitere Beispiele zu nennen: Mission im Neuen Testament, hg. v. *Karl Kertelge*, QD 93, Freiburg / Basel / Wien 1982; Mission in the New Testament. An Evangelical Approach, hg. v. *William J. Larkin / Joel F. Williams*, ASMS 27, Maryknoll 1998; *Johannes Nissen*, New Testament and Mission. Historical and Hermeneutical Perspectives, Frankfurt / M. 1999, [3]2004.

3 Eine detaillierte Übersicht über die neutestamentliche Terminologie zur Beschreibung des Phänomens Mission liefert *Rudolf Pesch*, Voraussetzung und Anfänge der urchristlichen Mission, in: Mission im Neuen Testament (s. oben Anm. 2), 11-70, spez. 14-16.

gung.[4] Die missionarische Dimension des christlichen Glaubens als solche indessen steht außer Frage. Seit den Diskussionen der 70er Jahre um eine neue Standortbestimmung der Kirchen in der ehemaligen DDR hat sich diese Einsicht immer wieder auch konzeptionell niedergeschlagen. Die "missionarische Gemeinde" etwa oder das Konzept einer "Kirche für andere" stellten den Versuch dar, den Anspruch der neutestamentlichen Texte in der Praxis kirchlichen Lebens zu realisieren.[5]

Ganz ähnlich sieht die Lage im Blick auf den Begriff der "Minderheit" aus. Dass die Überschaubarkeit heutiger Gemeindeverhältnisse eine Affinität zur Situation christlicher Gemeinden in der frühen Christenheit besitzt, wird gern thematisiert. Ob indessen der Minderheitenstatus einer Kleingruppe auch – gleichsam automatisch – ein Wachstumspotential impliziert, ist fraglich. Das ist im Kontext jener Standortbestimmung der 70er Jahre nicht weniger intensiv diskutiert worden. Sie stand unter dem Stichwort der "Diaspora-Situation" unserer Kirche.[6] Kirche in der Zerstreuung bietet Chancen – und ist Gefahren ausgesetzt. "Eine Kirche kann auch sterben." – so lautete damals die nüchterne Einschätzung. Zu deutlich treten vor allem die Differenzen zwischen einer Kirche mit 2000jähriger Geschichte und dem losen Gemeindeverbund der Frühzeit in den Blick, der auf das nahe Kommen des Herrn zulebte. Während die Christen der ersten Generation ihre Minorität als Ausgangssituation erlebten, befinden sich die Kirchen heute in umgekehrter Richtung im Prozess einer fortschreitenden Minorisierung – einem Prozess, der das Missionarisch-Werden nicht zwangsläufig beinhaltet. Daraus resultierte seinerzeit schon die Forderung, das Verhältnis von Diaspora und Missio als einer Überlebensfrage der Kirche neu zu bedenken.

Eine solche Verhältnisbestimmung kann sich nicht einfach als identisch in die Situation frühchristlicher Gemeinden einzeichnen. Sie findet auch keinen einlinigen Entwurf vor, der nur in modifizierter Form auf die veränderten Verhältnisse zu übertragen wäre. Gerade die Viel-

---

4 Vgl. etwa den Überblick bei *Wolfgang Ratzmann*, Streitfall Mission. Historische Positionen und aktuelle Kontraste. Eine Erinnerung an sieben missionstheologische Positionen, in: Mission als Dialog. Zur Kommunikation des Evangeliums heute, hg. v. *Michael Böhme* u.a., Leipzig 2003, 11-37. *Nissen* (s. oben Anm. 2) 13 urteilt: "Biblical scholars tend to emphasize the diversity of the biblical message and the historical character of each text. ... By contrast, missiologists tend to err in the opposite direction. They are inclined to overlook the rich diversity of the biblical texts and therefore to reduce the biblical motivation for mission to one single idea or text."

5 *Wolfgang Ratzmann*, Missionarische Gemeinde, ThA 39, Berlin 1980; Kirche als Lerngemeinschaft. Dokumente aus der Arbeit des Bundes der Evangelischen Kirchen in der DDR, Berlin 1981, 173-184 (Referat: Kirche für andere - Zeugnis und Dienst der Gemeinde).

6 Kirche als Lerngemeinschaft (s. vorige Anm.), 186-205 (Diaspora).

falt, von der die frühe Christenheit geprägt ist, erweist sich jedoch als ein Reservoir für Impulse, die für die Herausforderungen unserer kirchlichen Gegenwart fruchtbar werden können. Ich möchte deshalb im Folgenden dieser Vielfalt nachspüren. Zunächst betrifft das den Minderheitenstatus der frühen Gemeinden und seine theologische Reflexion. Sodann möchte ich zehn Aspekte skizzieren, an denen das breite Spektrum missionarischen Handelns im Neuen Testament sichtbar wird.

1 Christen in der Minderheit

Die sozialgeschichtliche Forschung der letzten Jahrzehnte hat gelehrt, die Lebensbedingungen der frühchristlichen Gemeinden realistischer einzuschätzen. Sie leben in einer Umwelt, die sie zunächst kaum wahrnimmt und in der sie sich erst allmählich etablieren können.
Der Evangelist Lukas hat sich darum bemüht, den Siegeszug des Evangeliums als ein Ereignis von weltgeschichtlicher Bedeutung darzustellen. Schon die Wirksamkeit Jesu strahlt bei ihm weit über Galiläa hinaus aus. Das rasante Wachstum der Jerusalemer Gemeinde illustriert er durch wohlkalkulierte Zahlenangaben. Rückblickend lässt er Paulus gegenüber dem König Agrippa bemerken, das alles sei ja "nicht in einem Winkel geschehen" (Act 26,26). In Thessaloniki empören sich die Feinde des Paulus, er und seine Begleiter "erregten den ganzen Erdkreis" (17,6). Solche Aussagen verdanken sich freilich einer theologischen Bedeutungsperspektive. Tatsächlich beginnt die galiläische Jesusbewegung als eine marginale Erneuerungsbewegung im vielgestaltigen Judentum ihrer Zeit, in einer abgelegenen Provinz. Der Tod Jesu findet am Rande eines volkreichen Wallfahrtsfestes statt. Die Boten des Evangeliums verlieren sich in den Weiten des Römischen Imperiums. Diese Sachverhalte hat selbst die lkn. Schilderung nicht völlig verdecken können.
Ein relativ klares Bild bieten die Gemeinden des paulinischen Verbandes. Wie schon die Jerusalemer Gemeinde sind auch sie hausweise organisiert. Der Oikos bestimmt von Anfang an ihre Struktur.[7] Für die konkreten Zusammenkünfte sind damit enge räumliche Grenzen gesetzt. Im größten Raum eines Wohnhauses, wie es Angehörige der sozialen Oberschicht für Versammlungszwecke zur Verfügung stellen konnten, fanden maximal etwa 30-40 Personen Platz. Daran dürfte sich auch die Zahl derer bemessen, die zur Mahlgemeinschaft ver-

7 Eine gute Übersicht bietet *Hans-Josef Klauck*, Hausgemeinde und Hauskirche im frühen Christentum, SBS 103, Stuttgart 1981.

sammelt waren.[8] Ob die einzelnen Hausgemeinden einer Stadt auch übergreifende Versammlungsmöglichkeiten besaßen, wie es Röm 16,23 etwa nahelegen könnte, bleibt unsicher. Für Rom lassen sich wenigstens 8 Hausgemeinden wahrscheinlich machen.[9] Was aber bedeutet das in Bezug auf die Gesamtbevölkerung? Eine relativ zuverlässige Schätzung gibt es für die Einwohnerzahl von Thessaloniki zur Zeit des Paulus – die etwa 20.000 - 30.000 betrug.[10] Selbst bei optimistischen Berechnungen wird die christliche Gemeinde dabei wohl noch deutlich unter der 1% Grenze geblieben sein. Um so wichtiger war es, dass die Gastgeber der kleinen christlichen Hausgemeinden gleichzeitig mit ihren Räumen auch den Rechtsschutz des Oikos als der Grundeinheit der antiken Gesellschaft zur Verfügung stellten.

In den folgenden beiden Generationen gewinnt diese Struktur auch theologische Bedeutung. Das lässt sich vor allem an den Pastoralbriefen ablesen. Noch immer ist die Ortsgemeinde in einer Vielzahl von Hausgemeinden organisiert, was nun aber zunehmend als Problem empfunden wird. Dem Aufbau zentraler Leitungsstrukturen scheinen sich diese dezentralen Verantwortungsbereiche immer wieder zu entziehen. In der Irrlehrerpolemik der Pastoralbriefe sind es gerade die "Häuser", die als Einfallstor konkurrierender Lehren gelten (2Tim 3,6; Tit 1,11). Das Bild des Hauses gewinnt deshalb in der Ekklesiologie eine neue Qualität: Es steht nun – wie in der philosophischen Diskussion für die Polis oder das Staatswesen – im übertragenen Sinne für das Ganze der Gemeinde bzw. Kirche (1Tim 3,15). Doch diese Sicht muss noch erkämpft und durchgesetzt werden. Der Alltag bleibt von den flexiblen, offenen Hausgemeinden geprägt.

In allen Gemeindesituationen, die von den neutestamentlichen Schriften gespiegelt werden, äußert sich das Selbstverständnis von Kleingruppen mit hoher Verbindlichkeit. Kol und Eph setzen ihr Bild des kosmischen Christus, der als "Haupt der Gemeinde" auch "Herr aller Mächte und Gewalten" ist (Kol 2,10 / Eph 1,21), ganz gezielt gegen die Erfahrung der Verlorenheit in einer scheinbar übermächtigen Welt ein. Der Hebräerbrief greift mit dem Bild des "wandernden Gottesvolkes" einen Typos auf, der das Provisorium betont – und weiß zugleich von Schrumpfungsprozessen seiner Gemeinde auf diesem Weg zu berichten (Hebr 10,25). Lukas, der seine Geschichte auf der großen

---

8 Reiches sozialgeschichtliches Material bietet *Matthias Klinghardt*, Gemeinschaftsmahl und Mahlgemeinschaft. Soziologie und Liturgie frühchristlicher Mahlfeiern, TANZ 13, Tübingen / Basel 1996.

9 Vgl. dazu *Peter Lampe*, Die stadtrömischen Christen in den ersten beiden Jahrhunderten. Untersuchungen zur Sozialgeschichte, WUNT 2/18, Tübingen 1987, 302.

10 *Christoph vom Brocke*, Thessaloniki - Stadt des Kassander und Gemeinde des Paulus. Eine frühe Gemeinde in ihrer heidnischen Umwelt, WUNT 2/125, Tübingen 2001, 71-73.

Bühne der römischen Weltpolitik plaziert, spricht sein Lesepublikum im Bild der Jünger Jesu als eine "kleine Herde" (12,32) an. Matthäus hebt im Rahmen seiner Gemeindeordnung die Gegenwart des Herrn gerade da hervor, wo der Kern von zwei oder drei Gemeindegliedern versammelt ist (Mt 18,20).

Theologisch reflektiert wird diese Minderheitensituation nur selten. Sie steht indessen unter einer doppelten Verheißung: Einerseits werden ihr pointiert Gegenwart und Beistand des Auferstandenen zugesagt; andererseits versteht sich die Kleingruppe als Trägerin einer Botschaft, die der gesamten Menschheit gilt. Die Spannung zwischen diesem hohen Anspruch und der ernüchternden Realität der Gemeinden relativiert sich anfangs noch durch die Naherwartung der Parusie. Erst mit dem beginnenden Generationenwechsel drängt dann auch eine theologische Bewältigung der Minderheitenerfahrung auf die Tagesordnung. Besonders eindrücklich geschieht das im 1. Petrusbrief.[11] Die Christen in Kleinasien, an die er gerichtet ist, werden als "Fremde in der Zerstreuung" angesprochen. Dabei scheint weniger die zahlenmäßige Vereinzelung im Blick zu sein als die gesellschaftliche Isolierung, in der sie leben. Sie wirken in ihrer Umwelt befremdlich, werden ausgeschlossen oder ignoriert. "Geliebte: Ich ermahne euch wie Nichtbürger und Fremde (ὡς παροίκους καὶ παρεπιδήμους)" (2,11) – so formuliert es der Autor des 1Petr. Das könnte den Eindruck erwecken, als ob die Christen aus der Erfahrung ihrer Ausgrenzung den Schluss zögen, im gesellschaftlichen Abseits die Zeit zu überdauern. Überraschenderweise aber ist das Gegenteil der Fall. Aus der nüchternen Standortbestimmung resultiert eine Strategie, die darauf aus ist, die Vorurteile der Umwelt durch das praktische Alltagsleben zu widerlegen – ohne große Worte, aber durch ein wahrnehmbares Engagement gerade für die Gesellschaft, die sie ausgrenzt.[12] Wenig später wandelt sich die Isolation der kleinasiatischen Gemeinden dann in die Situation physischer Bedrohung. In welchem Maße dies lähmend

---

11 Vgl. zum Ganzen *Reinhard Feldmeier*, Die Christen als Fremde. Die Metapher der Fremde in der antiken Welt, im Urchristentum und im 1. Petrusbrief, WUNT 64, Tübingen 1992.

12 1Petr 2,12: "Führt ein gutes Leben unter den Heiden, damit sie, während sie euch als Verbrecher verleumden, das sehen und aufgrund eurer guten Taten Gott am Tag des Gerichts loben."; 2,15: "Denn das ist Gottes Wille, dass ihr durch gute Taten dem Unverstand der törichten Leute den Mund verschließt."; 3,15-16: "Seid immer bereit zur Antwort jedem gegenüber, der von euch Rechenschaft verlangt über die Hoffnung in euch, aber in milder und respektvoller Art, mit gutem Gewissen. So werden diejenigen, die euren guten Lebenswandel in Christus in schlechten Ruf bringen wollen, mit ihren Verleumdungen beschämend widerlegt."

wirkt – das lässt die Offenbarung des Johannes im Horizont heraufziehender Verfolgungen in aller Deutlichkeit erkennen.[13]
Produktiv ist die Minderheitensituation der frühchristlichen Gemeinden nicht von sich aus. Der Anstoß, die eigenen Grenzen zu überschreiten, erwächst allein aus dem Auftrag der Evangeliumsverkündigung, mit dem sie sich betraut wissen. Allerdings verfügen sie dank einer großen Flexibilität in theologischer wie materieller Hinsicht über Voraussetzungen, die ihre Expansion begünstigen.

2 Aspekte missionarischen Handelns

Für gewöhnlich konzentrieren sich die exegetischen Untersuchungen zum Thema Mission im Neuen Testament auf zwei Fragestellungen: 1. Wie lässt sich der Prozess der Ausbreitung des Evangeliums in der Welt des Römischen Imperiums nachzeichnen? – und 2. Was sind die theologischen Entscheidungen, die diese Ausbreitung prägen oder begleiten?[14] Dabei hat das Programm des lkn. Doppelwerkes in seiner Geschlossenheit stets eine dominierende Rolle gespielt[15] – begleitet von der gezielten Frage nach dem missionstheologischen Profil weiterer einzelner Schriften.[16] Textkomplexe wie etwa die Aussendungsüberlieferung oder die sogenannten “Missionsbefehle” haben eingehende Untersuchungen erfahren. Ich möchte anders vorgehen und statt dessen aus verschiedenen Schichten und Schriften des Neuen Testamentes zehn Aspekte missionarischen Handelns zusammentragen, die sich durch eine jeweils eigenständige Prägung auszeichnen. Dass dies nicht erschöpfend, sondern nur in repräsentativer Weise geschehen kann, versteht sich von selbst.[17] Auch die Auswahl von Texten, die dafür als Belege dienen sollen, bleibt in jedem Falle erweiterungsfähig.

---

13 So z.B. in den teils konkret anmutenden, teils typisierenden Beschreibungen der Gemeindeverhältnisse im Sendschreibenteil Apk 2-3.

14 Grundlegend *Ferdinand Hahn*, Das Verständnis der Mission im Neuen Testament, WMANT 13, Neukirchen-Vluyn 1963, der von der Frage nach atl.-jüd. Voraussetzungen aus über die histor. Analyse der Aussendungsreden zum Urchristentum und Paulus voranschreitet, um schließlich die Evangelien und die übrigen Schriften in den Blick zu nehmen. *Nissen* (s. oben Anm. 2) 17-18 formuliert als Leitfragen: 1. Warum Mission?, 2. Wie muss Mission durchgeführt werden?, 3. Was ist Mission?

15 Vgl. z.B. die Studie von *Roland Gebauer*, Mission und Zeugnis. Zum Verhältnis von missionarischer Wirksamkeit und Zeugenschaft in der Apostelgeschichte, NT 40, 1998, 54-72.

16 So der Sammelband Mission in the New Testament, ebenso die Studie von *Nissen* (beide s. oben Anm. 2).

17 Die Reihenfolge stellt noch kein normativ gemeintes “ranking” dar, sondern dient lediglich einer gewissen (subjektiv bestimmten) Ordnung.

2.1 Legitimation definieren

Die Legitimation zu missionarischem Handeln ist keine Nebensache. Paulus bringt die Brisanz dieser Frage in der vehementen Verteidigung seines Apostolates besonders pointiert zum Ausdruck. Aber letztlich betrifft sie alle Christen zwischen Jerusalem und Rom gleichermaßen. Sie sind nicht die einzigen, die in der hellenistisch-römischen Welt eine Heilsbotschaft verkündigen. Verwechslungsmöglichkeiten gibt es viele, so dass die Christen möglichst eindeutig sagen müssen, auf wen sie sich berufen und wer sie ermächtigt.
Zunächst ist es der interne Konflikt mit konkurrierenden Verkündigern, der Paulus zu den bekannten Klarstellungen nötigt.[18] Weder handelt er aus eigenem Kalkül, noch versteht er sich als Vollzugsbeamter irgendeines missionarischen Konsortiums. Seine Legitimation stammt einzig und ausschließlich von Gott selbst. Gott hat ihn beauftragt, in dem er seinen Sohn in ihm offenbarte (Gal 1,15-16). Damit erfährt Paulus auf individuelle Weise, was er in einem heilsgeschichtlichen Kontext für alle Menschen festhält: “Als aber die Erfüllung der Zeit gekommen war, sandte Gott seinen Sohn ...” (Gal 4,4). Die Zuwendung Gottes ist der Ausgangspunkt. Sie nimmt Gestalt an in der Sendung des Sohnes, die sich wiederum in der Sendung derer multipliziert, die fortan zu ihm gehören. Paulus bringt diesen Sachverhalt in 2Kor 5,20 auf eine prägnante Formulierung: “So sind wir nun Botschafter (πρεσβεύομεν) an Christi Statt, in der Überzeugung, dass Gott durch uns mahnt: Lasst euch mit Gott versöhnen!” Es ist eine Art Kettenreaktion, wie sie auch Joh 20,21 den Auferstandenen ausdrücken lässt: “Wie mich der Vater gesandt hat (ἀπέσταλκέν με), so sende ich euch (πέμπω ὑμᾶς)!” Ohne die Zuwendung Gottes in Christus wäre missionarisches Handeln kein Thema. Weil Gott selbst sich exponiert, können diejenigen, die davon erfasst sind, ihren Glauben nicht für sich behalten.
Insofern kann sich Paulus dann auch in einem allgemeineren Sinn gegenüber seiner Umwelt abgrenzen. “Wir sind ja nicht wie die vielen, die mit dem Wort Gottes Kleinhandel treiben (καπηλεύοντες)!”, sagt er in 2Kor 2,17. Nicht die Sorge um den Lebensunterhalt und nicht der eigene Ehrgeiz lassen Paulus eine missionarische Karriere einschlagen. In seiner gewohnt drastischen Weise behauptet er vielmehr in 1Kor 9,16 “Denn ein Zwang liegt auf mir. Denn wehe mir, wenn ich nicht das Evangelium verkündige.” Darin klingt noch etwas vom Geschick der Propheten in Israel nach, was sicher der Persönlichkeit des Paulus geschuldet ist. Andere Aussagen formulieren es moderater –

18 Im 2Kor und im Gal insistiert Paulus unter den aktuellen Angriffen besonders nachdrücklich auf seiner apostolischen Legitimation - doch auch in den anderen Briefen lässt sich das Thema als eine Art Dauerbrenner erkennen.

Petrus und Johannes etwa bekunden nach Act 4,20, dass sie nicht schweigen können von dem, was sie gesehen und gehört haben. Doch es ist derselbe Anspruch, der darin hörbar wird.
Die Frage, ob man das Evangelium überhaupt weitersagen solle oder nicht, steht grundsätzlich nicht zur Disposition. Missionarisches Handeln geschieht auf die Initiative sowie im Auftrag Gottes und bleibt seine Sache. Diejenigen, die zu Christus gehören, sind gleichsam geborenermaßen als Multiplikatoren in diese Zuwendung einbezogen.

2.2 Präsenz zeigen

Viele Untersuchungen zum Thema Mission nehmen ihren Ausgangspunkt bei Mt 28,16-20. Doch das missionstheologische Credo des Matthäus ist bereits am Anfang der Bergpredigt zu finden.[19] Es folgt in 5,13-16 unmittelbar auf die eröffnenden Seligpreisungen und thematisiert die sichtbare, wirksame Präsenz der Gemeinde: "Ihr seid das Salz der Erde ... ihr seid das Licht der Welt." Das wird zunächst als ein Zuspruch formuliert. Was die realen Verhältnisse einer marginalen Gruppe auch nicht von ferne ahnen lassen, das spricht ihr dieses Wort an Bedeutsamkeit zu. Der kleinen Gemeinschaft, die gerade ihre Heimat verlassen hat und die sich im Umbruch befindet, werden Prädikate zuerkannt, die sie auf nicht weniger als auf Erde und Welt beziehen: Salz, das würzt und konserviert, Licht, das Leben und Wachstum gibt. Mit dem Zuspruch verbindet sich aber sogleich – wie in der Bergpredigt generell zu beobachten – der Anspruch. Das Salz soll auch eingesetzt werden, das Licht soll auch leuchten. Denn salzloses Salz wird weggeworfen und zertreten, Licht aber, das verborgen wird, wäre absurd. Deshalb lautet der Zielpunkt völlig plausibel: "So lasst euer Licht leuchten vor den Leuten ..."
Matthäus bestimmt damit das Verhältnis seiner Gemeinde zu ihrer Mitwelt auf eine klare Weise. Sie ist eine eigenständige, von der Gesellschaft unterscheidbare Größe. Aber sie ist nicht für sich selbst – sondern für andere da. Ihre ganze christliche Existenz ist auf die Mitwelt bezogen. Die spürbare und sichtbare Präsenz der Gemeinde soll dem Leben in dieser Welt Geschmack und Gestalt geben. Dieser Anspruch bedient sich keiner steilen Forderungen. Er resultiert allein aus dem schlichten Dasein, das die christliche Gemeinde an jedem Ort der Güte Gottes verdankt und deshalb nicht verbergen muss.

---

19 Vgl. zum Folgenden vor allem *Reinhard Feldmeier*, Verpflichtende Gnade. Die Bergpredigt im Kontext des ersten Evangeliums, in: ders: "Salz der Erde". Zugänge zur Bergpredigt, Bibl.-theol. Schwerpunkte 14, Göttingen 1998, 15-107, spez. 34-37.

Die gleiche Verschränkung von Zuspruch und Anspruch begegnet dann noch einmal am Schluss des Evangeliums. Ein Imperativ wird von drei Partizipien umrahmt: "Hingehend ... taufend ... und lehrend" sollen die Boten des Evangeliums die Völker zu Jüngern machen. Wiederum wird ihre Präsenz vorausgesetzt – eine sehr mobile und sich exponierende Präsenz, aus der sich die konkrete Beauftragung dann relativ zwanglos ergibt.[20] Aufgefangen aber ist alles in der Zusage: "Ich bin bei euch alle Tage, bis an das Ende der Weltzeit." Dadurch verliert dieser Text die unangenehmen Konnotationen einer geradezu generalstabsmäßigen Befehlsstruktur. Christen, die sich nicht verbergen, die hingehen und das Wort ergreifen, sind bereits für ihre Mitwelt da als Zeugen der Güte Gottes.

2.3 Bedingungen schaffen

Schon an der Verkündigung Jesu lässt sich eine bemerkenswerte Gelassenheit im Blick auf die Durchsetzung der Gottesherrschft beobachten. Jeder Zelotismus ist Jesus fremd (Mk 12,17). Das wird ganz besonders an den sogenannten Wachstumsgleichnissen erkennbar.
Am eindrücklichsten umreißt das Gleichnis von der selbstwachsenden Saat Mk 4,26-29 den Aufgabenbereich des Verkündigers.[21] "Mit der Gottesherrschaft verhält es sich wie mit einem Menschen, der Samen auf die Erde warf, und schläft und steht auf nachts und tags, und der Same sprosst und wächst hoch, wie – er selbst weiß es nicht ..." Von der Gelassenheit eines Bauern sollen die Hörerinnen und Hörer Jesu lernen. Seine Arbeit ist schwer genug, denn den steinigen Boden zu bereiten und die Saat auszusäen, fordert ihn ausreichend. Aber damit enden auch die Möglichkeiten, den weiteren Erfolg seiner Arbeit zu beeinflussen. Das Schlafen und Ruhen ist ihm selbstredend vergönnt. Er muss sich nicht in der Sorge um die jungen Pflanzen verzehren. "Von selbst trägt die Erde Frucht ..." – zumindest ist das im günstigsten Falle so. Unwetter und Missernten hat der Bauer hinzunehmen und kann ansonsten nur auf die Güte Gottes hoffen, der seiner Arbeit den Segen gibt. Aber das eine muss er immerhin tun: nämlich Vorbereitungen treffen, dass Gottes Segen wirksam werden kann.
Die Wachstumsmetaphorik[22] hat ihren Vorzug darin, dass sie die Dynamik eines Entwicklungsprozesses mit der Abgrenzung von Aufga-

---

20 Vgl. *Ferdinand Hahn*, Der Sendungsauftrag des Auferstandenen Matthäus 28,16-20, in: ders.: Mission (s. oben Anm. 1), 11-26, 21.

21 Vgl. z.B. *Hans Weder*, Die Gleichnisse Jesu als Metaphern. Traditions- und redaktionsgeschichtliche Analysen und Interpretationen, Berlin 1990 = Göttingen ^{4}1978, 117-120.

22 Instruktiv ist *Petra von Gemünden*, Vegetationsmetaphorik im Neuen Testament und seiner Umwelt. Eine Bildfelduntersuchung, NTOA 18, Göttingen 1993.

ben und Einflussbereichen verbindet. In diesem Sinne hat auch Paulus Gebrauch davon gemacht. Im Autoritätenstreit der Korinthischen Gemeinde rückt er mit diesem wohlbekannten Bild die Kompetenzen zurecht. Seine eigene Aufgabe war das Pflanzen – mühsam genug, aber auch klar umrissen. Apollos hat im Konsens mit Paulus die weitere Entwicklung der Gemeinde gefördert. Der Erfolg aber bleibt ausschließlich Gottes Sache. Der Bildgebrauch springt in 1Kor 3,9 unvermittelt in einen anderen Bereich über: den des Hausbaues. Aber auch hier begegnet dieselbe Struktur der Aussage. In einem Bauunternehmen gibt es verschiedene Zuständigkeiten – Tiefbau und Hochbau. Jeder ist für seinen Bereich zuständig – auch wenn bei der Fundamentierung und in der Planung des Architekten die wichtigsten Entscheidungen fallen mögen. Das Haus, das entsteht, bietet Raum – und schafft damit Gelegenheit, mit Leben erfüllt zu werden. Genau darin hat das paulinische Lieblings-Stichwort der οἰκοδομή, seine Pointe – indem es auf den Aufbau von Strukturen zielt, die der Beherbergung und Entfaltung von Leben dienen.[23]
Missionarisches Handeln ist unter diesem Aspekt von zwei Einsichten bestimmt: Zum einen können sich die Aktivisten bei aller Mühe jene Gelassenheit leisten, die aus der Konzentration auf bestimmte Aufgaben erwächst. Zum anderen geht es vor allem darum, Gelegenheiten oder Bedingungen zu schaffen, unter denen Gott seine Sache zum Ziel bringen kann.

2.4 Zeichen setzen

Ein eigentümlicher Bereich missionarischen Handelns steht unter dem Stichwort der "Zeichenhandlung". Er fügt sich ein in eine lange Tradition prophetischer Verkündigung und gewinnt vor allem in der Jesusbewegung Gestalt. Die wandernden Prediger nach Ostern haben davon einiges bewahrt, was etwa in den Überlieferungen der Logienquelle noch zum Zuge kommt.
Die Bestimmung zeichenhafter Handlungen bzw. zeichenhaften Verhaltens wird in der exegetischen Diskussion sehr unterschiedlich vorgenommen. Sowohl in der Terminologie als auch in den konkreten Textbezügen gehen die Meinungen weit auseinander.[24] Eines indessen kann als sicher gelten: Jesus selbst, der von seinen Zeitgenossen im-

---

23 Als Klassiker zum Thema gilt nach wie vor *Philipp Vielhauer*, Oikodome. Das Bild vom Bau in der christlichen Literatur vom Neuen Testament bis Clemens Alexandrinus, in: ders.: Oikodome. Aufsätze zum Neuen Testament 2, hg. v. *Günter Klein*, München 1979, 1-168.
24 Einen Überblick bietet *Maria Trautmann*, Zeichenhafte Handlungen Jesu. Ein Beitrag zur Frage nach dem geschichtlichen Jesus, fzb 37, Würzburg 1980.

mer wieder als prophetische Gestalt verstanden wurde, vollzieht mit Vorliebe aufrüttelnde, provozierende, zeichenhafte Handlungen – ähnlich denen, die von den Propheten Israels überliefert sind. Jesaja etwa läuft drei Jahre lang nackt und barfuß umher, Jeremia erscheint mit einer Jochstange auf dem Nacken vor den Verbündeten Israels, Ezechiel packt noch vor der militärischen Entscheidung sein Exulantengepäck und bricht ein Loch durch die Mauer seines Hauses. Jesus steht dem nicht nach: Er etabliert einen Anhängerkreis mit der bedeutungsschweren Symbolzahl Zwölf, stellt ein Kind in die Mitte seiner Schüler, reitet auf einem Esel in Jerusalem ein und stößt im Tempelvorhof Geldwechslern den Tisch um. Das alles sind Aktionen, die in einer ganz bestimmten Situation als öffentliche Inszenierung einer Botschaft erscheinen. B. Lang hat solche Zeichenhandlungen mit Blick auf den Propheten Ezechiel als eine "Vorform des modernen agitatorischen Straßentheaters" bezeichnet.[25]
In diesen Zusammenhang gehört auch jenes Verhalten der Boten des Evangeliums, das immer wieder als radikaler Verzicht erscheint – sei es als Verzicht auf Besitz oder als Verzicht auf Ausrüstung.[26] Gerade das letztere macht die Intention besonders deutlich. Denn in der sogen. "Ausrüstungsregel" wird den Boten nicht etwa das gestrichen, was man als überflüssigen Ballast bezeichnen könnte. Ihnen wird nicht etwa nur ein Minimum belassen, das sie flexibler machte – sondern ihnen wird vielmehr gerade dieses Minimum auch noch genommen. Um ihren Auftrag effektiv ausführen zu können, sollten sie zweckmäßiger ausgerüstet sein. Aber genau darum geht es eben nicht. Ihre bettelarme, völlig schutzlose Existenz hat zeichenhaften Charakter. Sie begründet keinen neuen Verhaltenskodex, sondern inszeniert in einer bestimmten Situation auf provozierende Weise ihr unbedingtes Gottvertrauen. Gerade Lukas unterstreicht diesen Sachverhalt dadurch, dass Jesus während der Tischgespräche beim letzten Mahl diese "Regel" wieder zurücknimmt. Neue Situationen erfordern neue Zeichen.
Die Zeichenhandlungen Jesu und seiner Nachfolger haben einen missionarischen Effekt. Sie sind darauf aus, aufzurütteln und zum Umdenken zu bewegen. Aber sie lassen sich weder auf Dauer stellen noch einfach abkupfern. Bei Lukas etwa endet die Rücknahme der Ausrüstungsregel völlig offen und weist so darauf hin, dass nun die eigene Phantasie gefragt ist. Die Zeichen, die es zu setzen gilt, leben von der Korrespondenz zwischen Botschaft und Situation – und eröffnen damit einen weiten Aktionsspielraum.

---

25 *Bernhard Lang*, Kein Aufstand in Jerusalem. Die Politik des Propheten Ezechiel, SBB, Stuttgart ^{2}1981, spez. 168.

26 Vgl. *Christfried Böttrich*, Ideal oder Zeichen? Besitzverzicht bei Lukas am Beispiel der 'Ausrüstungsregel', NTS 49, 2003, 372-392.

2.5 Interna regeln

In Act 6,1-7 überliefert Lukas eine in mehrfacher Hinsicht bedeutsame Episode. In der bislang betonten "Einmütigkeit" der Jerusalemer Gemeinde bricht ein Konflikt auf, der tiefe Wurzeln hat und von weitreichender Wirkung sein wird. In seinem Verlauf bilden die längst schon bestehenden Gemeindegruppen der "Hellenisten" und der "Hebräer" ihre eigenständigen Leitungsstrukturen aus. Diese beginnende organisatorische Ausdifferenzierung markiert zugleich den Beginn einer theologischen Ausdifferenzierung. Es sind die ersten Erfahrungen eines breiter werdenden Spektrums an Frömmigkeit und gelebtem Glauben. Der Streit um die Witwenversorgung, der hier zum erzählerischen Aufhänger wird, lässt in diesem Falle nur die Spitze des Eisberges erkennen.[27]

Grundsätzlich ist Lukas in der Apostelgeschichte bestrebt, Spannungen in der frühen Christenheit zu glätten und die planmäßige Ausbreitung der Verkündigung erzählerisch zu realisieren. Dafür hat er auch paränetische Gründe. Seiner Gemeinde, die an dem Ringen um die Einheit der Kirche am Ende des 1. Jhs. teilhat, will er mit dem Bild der einmütigen Anfänge ein Modell vor Augen stellen. Da, wo Konflikte nicht zu verschweigen sind, gestaltet er die entsprechenden Überlieferungen zu exemplarischen Konfliktlösungsgeschichten aus. Sie liefern damit über die Erinnerung an entscheidende Weichenstellungen hinaus Impulse und Anregungen, wie mit neuen Konflikten in einer veränderten Zeit umzugehen ist. Solche Impulse sind auch in Act 6 zu erkennen: Beziehungsprobleme bedürfen einer gemeinsamen Analyse, die von den Verantwortungsträgern in Gang gesetzt wird; bei wachsenden Aufgaben bedarf es der Bereitschaft zur Aufteilung von Kompetenzen; die Zustimmung der Gesamtgemeinde wird vorausgesetzt; Funktionen in der Gemeinde verlangen bestimmte Qualifikationen; die Übernahme von Verantwortung erfolgt als Beauftragung unter Gebet und Handauflegung. Die Geschichte bietet somit eine Art "Agende", die sich auch auf andere Fälle übertragen lässt.

Den entscheidenden Schlüssel liefert Lukas indessen in den Rahmenteilen. Der interne Konflikt entsteht aufgrund einer rasanten Expansion: "In diesen Tagen aber, in denen die Zahl der Jünger zunahm ..." – so beginnt die Episode. Die Übersichtlichkeit der Kleingruppe mit ihrem hohen Grad an Verbindlichkeit geht verloren. Das macht neue Strukturen erforderlich. Am Schluss aber mündet die Episode in die erneute Bemerkung ein: "Und das Wort Gottes wuchs und die Zahl der Jünger in Jerusalem nahm gewaltig zu." Die Signale, die Lukas damit

27 Darüber herrscht in der Exegese grundlegend Konsens; einen Überblick über die lange Auslegungsgeschichte liefert *Heinz-Werner Neudorfer*, Der Stephanuskreis in der Forschungsgeschichte seit F. C. Baur, Giessen - Basel 1983.

setzt, sind eindeutig. Die Klärung interner Probleme ist eine notwendige Voraussetzung für Wachstum. Konflikte, die gelöst werden, erweisen sich als Motor der Gemeindeentwicklung. Sie setzen ein kreatives Potential frei, das neue Entwicklungen einzuleiten vermag. Beziehungskrisen oder theologische Kontroversen innerhalb der christlichen Gemeinde werden damit von Lukas nicht nur als ein unvermeidliches Übel betrachtet, mit dem man irgendwie leben muss – sondern als Chance, die Verkündigung neuen Situationen und Kontexten zu adaptieren. Vor diesem Hintergrund gewinnen auch die Gemeindekonflikte der paulinischen Briefe eine neue Bedeutung:[28] Missionarisches Handeln verbindet sich notwendigerweise mit einer Schulung in Konfliktfähigkeit. Wachstum kann nur erfolgen, wenn die internen Probleme offensiv angegangen und geregelt werden.

2.6 Gelegenheiten nutzen

Ein selten gewürdigtes Feld missionarischen Handelns stellt in der frühen Christenheit die gottesdienstliche Versammlung dar. Nun gibt es darüber leider auch nur wenige und zumeist fragmentarische Nachrichten, so dass sich kaum beurteilen lässt, welchen Charakter die frühchristlichen Gottesdienste tatsächlich besaßen.[29] Wenn man von den ausgeführten Liturgieformularen des 4. Jhs. aus zurückblickt, dann drängt sich der Eindruck auf: Zumindest jener Teil des Gottesdienstes, in dem das Abendmahl gefeiert wurde, war wohl nur den Getauften vorbehalten. Kann man dann überhaupt der Versammlung im Ganzen einen erkennbar missionarischen Charakter zuschreiben? Eher wäre der Gottesdienst unter diesen Umständen der internen Vergewisserung und der Stärkung der Gemeinde vorbehalten gewesen.
Dieser Eindruck könnte sich indessen auch einem anachronistischen Bild von den Anfängen verdanken. Denn den ersten christlichen Gemeinden stand als das nächstliegende Modell ihrer Versammlungen zunächst der Synagogengottesdienst vor Augen, von dem immerhin so viel bekannt ist, dass er in großer Offenheit stattfand. Während der Tempelkult in Jerusalem durch strenge Zugangsbestimmungen gere-

---

28 Vgl. z.B. *Martin Stowasser*, Konflikte und Konfliktlösung nach Gal 1-2. Aspekte paulinischer Konfliktkultur, TThZ 103, 1994, 56-79; *Roman Heiligenthal*, Innergemeindliche Konflikte und ihre Lösung, in: ders.: Zwischen Theologie und Gemeinde. Aufsatzsammlung, Landau 1995, 90-127; ders.: Methodische Erwägungen zur Analyse neutestamentlicher Gemeindekonflikte, ZRGG 48, 1996, 97-113.

29 Zuletzt ist die gesamte Problematik ausführlich behandelt worden durch *Peter Wick*, Die urchristlichen Gottesdienste. Entstehung und Entwicklung im Rahmen der frühjüdischen Tempel-, Synagogen- und Hausfrömmigkeit, BWANT 150, Stuttgart / Berlin / Köln 2002.

gelt war, vollzogen sich Schriftlesung, Auslegung und Gebet in der Synagoge ohne alle Abgrenzungen. Ein heiliger Ort war die Synagoge vor 70 gerade nicht, Gottesfürchtige und Sympathisanten saßen hier neben ihren jüdischen Zeitgenossen.[30] Die christliche Verkündigung konnte sich diese Gelegenheit leicht zunutze machen. Was die Missionare dort praktizierten – den Diskurs über Christus aufgrund einer Lesung in den Schriften – das setzte sich sehr wahrscheinlich auch in den eigenen Versammlungen fort. Mehr noch: In der prophetischen Rede kam ein neues Element hinzu, das nachweislich nicht nur auf die Festigung der eigenen Gemeinde abzielte.
Das deutlichste Beispiel liefert wiederum Paulus. Eines seiner Argumente, mit denen er die enthusiastischen Turbulenzen im Korinthischen Gottesdienst unterbinden möchte, nimmt Gäste in den Blick, die dadurch verschreckt würden. Wenn – so argumentiert er in 1Kor 14,16.23-24 – aber "Unkundige oder Ungläubige / ἰδιῶται ἢ ἄπιστοι" da wären, wie sollten sie das Amen sprechen?[31] An ihrer Zustimmung ist ihm gelegen – das prophetische Wort, das Paulus favorisiert, soll sie zum Glauben an Christus führen. Nicht der Eindruck "Ihr seid verrückt!" (14,23) soll entstehen – sondern die Erkenntnis "Gott ist unter euch!" (14,25) soll sich einstellen. Wie auch immer die frühchristlichen Gottesdienste ausgesehen haben mögen: Paulus verlangt von den Korinthern, dass es zumindest Bereiche gibt, die missionarische Gelegenheiten bieten.
Gottesdienste, die einladen und nicht verschrecken, oder auch nur langweilen – Gottesdienste mit missionarischer Qualität: das hat es in der Frühzeit offensichtlich gegeben. Sie finden ihre wichtigste Voraussetzung darin, dass der Versammlungsort frei zugänglich ist, mit niedriger Schwelle, fernab der Vorstellung eines heiligen Ortes. Die Gegenwart des Auferstandenen wird in den Strukturen des Alltages erfahren. Das Wort der Propheten erklingt in einer Sphäre der Profanität. Hier bieten sich Gelegenheiten der Mitteilung, die bei dem Gegebenen, bei dem Nächstliegenden, bei bestehenden Beziehungen ansetzen können. Völlig verloren gegangen ist diese Dimension nie, auch wenn die Entwicklung des Gottesdienstes dann schon bald ganz andere und vielfältig neue Wege eingeschlagen hat. Bestehende Gelegen-

30 Vgl. *Folker Siegert*, Die Synagoge und das Postulat eines unblutigen Opfers, in: Gemeinde ohne Tempel. Zur Substituierung und Transformation des Jerusalemer Tempels und seines Kults im Alten Testament, antiken Judentum und frühen Christentum, hg. v. *Beate Ego / Armin Lange / Peter Pilhofer*, WUNT 118, Tübingen 1999, 335-356.
31 Der Sachverhalt bleibt in einer gewissen Schwebe. 14,6 nennt im Blick auf das verhinderte "Amen" nur den "ἰδιώτης / Unkundigen", womit wohl zuerst das nicht mit Glossolalie begabte Gemeindeglied gemeint ist. In 14,23.24 gesellt sich dem Unkundigen dann aber ausdrücklich noch der "ἄπιστος / Ungläubige" hinzu, was auch im Rückblick die Situation von 14,16 in ein neues Licht taucht.

heiten zu nutzen bleibt ein wichtiger Aspekt missionarischen Handelns.

2.7 Brücken schlagen

Wie weit darf sich die Verkündigung des Evangeliums auf die Welt ihrer Adressaten einlassen? Wo verläuft die Grenzlinie zwischen Anknüpfung und Widerspruch? Von diesen Fragen ist schon die frühe Christenheit umgetrieben worden – und hat dabei zu ganz unterschiedlichen Antworten gefunden.

Lukas hat in der Areopagrede des Paulus Act 17,16-34 sicher das berühmteste Beispiel für die Problematik einer Inkulturation der christlichen Verkündigung geliefert.[32] Er lässt Paulus in einer Weise beginnen, die sehr modern klingt. Der Apostel gibt sich kommunikativ und wahrnehmungsoffen, er nimmt die Religion der Leute ernst, er schaut sich in der medialen Vielfalt und Symbolwelt der Agora von Athen um: "Athener! Ich sehe, dass ihr in jeder Hinsicht außerordentlich religiös seid. Denn als ich umhergegangen bin und eure Heiligtümer betrachtet habe, da fand ich auch einen Altar, auf dem eine Inschrift war: 'Einem unbekannten Gott.' Was ihr nun unwissend verehrt – das verkündige ich euch." Von Gott spricht er im folgenden so, dass ihm jeder philosophisch Gebildete mühelos zustimmen kann. Er zitiert auch schnell einmal einen griechischen Dichter. Fast wäre man schon geneigt, diesen Paulus für einen Stoiker zu halten – wenn er da nicht plötzlich und einigermaßen unvermittelt von Jesus und seiner Auferstehung sprechen würde. An dieser Stelle enden die Gemeinsamkeiten: "Als sie aber von der Auferstehung der Toten hörten, spotteten die einen, die anderen aber sagten: 'Wir wollen dich darüber ein anderes Mal hören!'" Bei aller dialogischen Kompetenz, die hier sehr weit reicht und für die der lkn. Paulus oft genug gescholten worden ist – den eigenen Wahrheitsanspruch verschweigt er nicht. Und dessen Formulierung polarisiert.

Auf der Ebene des Alltagsverhaltens treffen vor allem die Pastoralbriefe weitreichende Aussagen.[33] Einen großen Teil ihrer Paränesen kann man unter das Stichwort einer "werbenden Lebensführung" stellen. Den theologisch wichtigsten Brückenschlag vollziehen sie dadurch, dass sie die Kirche in der Metapher des Oikos erfassen – als

---

32 Seit dem Klassiker von *Eduard Norden*, Agnostos Theos, Leipzig / Berlin 1913, sind die auffälligen Eigenheiten immer wieder in allen Act-Kommentaren thematisiert worden. Den bewusst programmatischen Charakter der Rede betont in jüngster Zeit wieder *Nissen* (s. oben Anm. 2) 63-65.

33 *Alfons Weiser*, Die gesellschaftliche Verantwortung der Christen nach den Pastoralbriefen, Beiträge zur Friedensethik 18, Stuttgart / Berlin / Köln 1994.

das geordnete Hauswesen Gottes, in dem der Bischof als der Oikonomos fungiert. Darin macht sich zugleich eine tiefe Sorge um ihre Außenwahrnehmung bemerkbar. Nicht eine exotische Gemeinschaft, die völlig exzentrisch lebt, alles anders macht und damit nur Kopfschütteln ernten kann ist ihr Leitbild – sondern eine Gemeinschaft, in der die besten Normen und Konventionen ihrer Zeit so überzeugend gelebt werden, dass die Umwelt mit Anerkennung reagieren muss.[34] Das betrifft freilich nicht nur die allgemein gültigen Tugenden, sondern wirkt sich z.B. auch auf die Rolle von Frauen aus. Was in den paulinischen Gemeinden noch an unkonventionellen Verhaltensweisen möglich war, wird jetzt wieder zurückgenommen. Nicht umsonst hat man den Pastoralbriefen deshalb eine "Verbürgerlichung" des christlichen Glaubens vorgeworfen. Das Bemühen jedoch, sich konstruktiv auf das jeweilige gesellschaftliche Umfeld einzulassen und auf diese Weise das Evangelium ohne große Worte zur Geltung zu bringen, verdient grundsätzliche Anerkennung.

Der Brückenschlag missionarischen Handelns in Wort und Verhalten bleibt immer eine Gratwanderung, die nur mit Sensibilität für die jeweilige Situation ohne Abstürze erfolgen kann – und dennoch unverzichtbar ist.

2.8 Strategien entwickeln

An der Apostelgeschichte des Lukas ebenso wie an den Briefen des Corpus Paulinum kann man erkennen, dass für die Verkündigung des Evangeliums auch strategische Überlegungen erforderlich sind.[35] Dabei begegnet wiederum eine bemerkenswerte Ambivalenz. Einerseits liest man von stereotypen, wohlkalkulierten Vorgehensweisen oder von weitsichtiger Planung. Andererseits wird mit Nachdruck immer wieder auf das überraschende Eingreifen des Geistes Gottes verwiesen, der dem missionarischen Handeln der jeweiligen Protagonisten eine unerwartete Wendung gibt.

Stereotyp stellt Lukas etwa das Vorgehen des Paulus dar, der sich das Recht der Schriftauslegung im Synagogengottesdienst gezielt zunutze macht.[36] Planmäßigkeit im Vorgehen äußert sich auch darin, dass Pau-

---

34 Dieser Intention sekundiert auch der 1. Petrusbrief - vgl. die Belege oben Anm. 12.

35 Besonderes Augenmerk schenkt diesem Sachverhalt etwa *Martin Hengel*, Die Ursprünge der christlichen Mission, NTS 18, 1971-72, 15-38, spez. 18; *Nissen* (s. oben Anm. 2) 109-116 (Paul's missionary strategy and his communities).

36 Ein Paradebeispiel bietet Act 13,14-16 (Antiochien in Pisidien). Ansonsten erscheint der Gottesdienst in der Synagoge als erster Anlaufpunkt in: Damaskus 9,20; Salamis auf Zypern 13,5; Ikonion 14,1; Thessaloniki 17,1-3; Beröa 17,10;

lus stets städtische Zentren ansteuert und offensichtlich auf den Effekt weiterer Ausbreitung in die umliegenden Regionen setzt.[37] Seine Reden scheinen in ihrer Akzentuierung auf das jeweilige Publikum berechnet zu sein. Dennoch: Die entscheidenden Weichenstellungen bleiben Gottes Initiative vorbehalten. Zu ihrem ersten öffentlichen Auftreten in Jerusalem werden die Apostel in der Pfingstgeschichte gleichsam hingerissen (2,2-4); Philippus wird vom Geist Gottes instruiert und schließlich kurzerhand an einen anderen Ort versetzt (8,26.29.39); um Petrus in das Haus des Kornelius zu bringen, bedarf es zweier korrespondierender Visionen (10,1-8.9-16) und schließlich einer Art Überrumpelung des Zögernden durch Gottes Geist (10,47); nach Europa wird Paulus durch eine nächtliche Vision beordert (16,9-10), nachdem der Geist Gottes seine ursprüngliche Reiseroute verhindert hatte (16,7). Die Beispiele lassen sich fortsetzen.
Ähnlich sieht der Befund im Corpus Paulinum aus. Der Galaterbrief verrät eine rhetorisch durchdachte, in ihrer Wirkung sehr genau kalkulierte Konzeption.[38] Im ersten Korintherbrief schlägt sich ein beachtliches Gespür für die Lösung organisatorischer Alltagsfragen nieder.[39] Mit der Kollektensammlung führt Paulus ein materielles Großprojekt durch, das die brüchige Gemeinschaft zwischen Jerusalem und seinen Gemeinden fester zusammenschließen soll. Langfristig plant er seine Reise nach Spanien und bereitet die nächsten Schritte schon vor Abschluss der Kollektensammlung vor (Röm 15,25-33). Mit Vorliebe bedient sich Paulus einer militärstrategischen Terminologie: vom Mitkämpfer (Phil 2,25; Phlm 2) über Sold (1Kor 9,7; 2Kor 11,8), Ausplünderung (2Kor 11,8), Schleifung von Bastionen (2Kor 10,4) oder überhaupt Kampfmetaphorik bis hin zum Bild der Waffenrüstung (1Thess 5,8; 2Kor 6,7) verfügt er hier über ein erstaunlich reiches sprachliches Arsenal. Dennoch: Auch Paulus lässt keinen Zweifel daran, dass nicht seine strategische Fähigkeit, sondern Gottes Kraft sein

---

Athen 17,17; Korinth 18,4; Ephesus Act 18,19; 19,8; Apollos folgt ebenfalls diesem Beispiel in Ephesus 18,26.

37 Damaskus für Mission in der Arabia (Gal 1,17); Antiochien für Mission in Syrien und Kilikien (Gal 1,21; 2,11; Act 11,25f); Tarsus evtl. für Mission in Kilikien (Act 11,25f); Antiochien wird Ausgangsbasis für weitere Missionsreisen (Act 13,2; 14,26; 15,30-41; 18,22); Rom wird geplante Ausgangsbasis für Spanienmission (Röm 15,23-24). Philippi ist röm. Kolonie mit italischem Recht (Act 16,12-40); Thessaloniki ist Hauptstadt der Provinz Makedonien (Act 17,1-9); Korinth ist Hauptstadt der Provinz Achaja (Act 18,1-17); Ephesus ist Hauptstadt der Provinz Asia (Act 19,1-40); Rom ist die Metropole des Imperiums (Act 28,14-31).

38 *Hans Dieter Betz*, Der Galaterbrief. Ein Kommentar zum Brief des Apostels Paulus an die Gemeinden in Galatien, München 1988, hat den rhetorischen Charakter sehr genau analysiert und dabei die Strategie des Briefes in Gestalt einer wohlkalkulierten Verteidigungsrede des Apostels herausgearbeitet.

39 Durchgängig lässt sich beobachten, wie Paulus theologisch brisante Sachverhalte auf die Ebene pragmatischer Regelungen transformiert.

Handeln bestimmt. Den drastischsten Ausdruck findet er dafür in 2Kor 2,14: “Gott aber sei Dank, der uns allezeit im Triumphzug mitführt (θριαμβεύοντι ἡμᾶς) in Christus ...”[40] Wieder bedient er sich militärischer Metaphorik. Aber der Stratege, der den Triumph feiert, ist Gott. Paulus wird lediglich wie ein Gefangener mitgeführt, um den Ruhm des Triumphators sichtbar zur Schau zu stellen.
Die Intention solcher Aussagen ist deutlich: Missionarisches Handel bedarf der durchdachten, kalkulierten Planung, ist aber letztlich nicht “machbar”. Alle Konzepte stehen unter dem Vorbehalt, dass es Gott ist, der sich in unverfügbarer Weise ihrer bedient oder ihr Scheitern bewirkt.

2.9 Bildung vermitteln

Der schlechte Ruf, den das Stichwort “Mission” weithin hat, kommt nicht von ungefähr. Zu oft ist die Verkündigung des Evangeliums in der Geschichte instrumentalisiert und mit Machtinteressen verquickt worden. Und oft genug hat sich die Bezeugung der Wahrheit nicht als befreiendes Ereignis, sondern als ideologische Indoktrinierung dargestellt. Besonders im Osten Deutschlands, wo es solide Erfahrungen mit Agit-Prop (Agitation und Propaganda) gibt, reagiert man da zu Recht sensibel. Insofern hat es besondere Bedeutung, missionarisches Handeln in der frühen Christenheit auch als Bildungsereignis wahrzunehmen.
Lukas schildert in Act 8 das Abenteuer eines gemeinsamen Leseerlebnisses. Natürlich geschieht das alles auch hier nicht ganz zufällig. Philippus wird von einem Engel des Herrn an die Straße nach Gaza geschickt, der Geist Gottes souffliert ihm, was er dort tun soll, am Schluss wird Philippus schlicht entrückt. Das sind narrative Elemente, die wiederum Gott als den Initiator dieser Begegnung in den Blick rücken sollen. Was dann geschieht, ist indessen eine Art exegetisches Seminar. Der Äthiopier auf dem Wagen liest Jes 53 – einen Text, an dem sich die Exegese bis heute abarbeitet. Von wem handelt dieser Text? Die Frage zielt genau ins Zentrum der Diskussion. Philippus, so heißt es, “begann, ausgehend von dieser Schriftstelle, ihm Jesus zu verkündigen.” Wie – das bleibt offen. Nur so viel ist erkennbar, dass Philippus eine ganz bestimmte Interpretation vertritt. Seine Verkündigung kommt aber nicht in Formeln oder Lehrsätzen daher. Sie ist

40 Die verbreitete Lutherübersetzung (“Gott aber sei gedankt, der uns allezeit Sieg gibt ...”) wird dem Wortlaut nicht gerecht. Eine durchdringende Auslegung liefert *Jens Schröter*, Der versöhnte Versöhner. Paulus als unentbehrlicher Mittler im Heilsvorgang zwischen Gott und Gemeinde nach 2Kor 2,14-7,4, TANZ 10, Tübingen / Basel 1993, 13-30 (Der Apostolat als Triumphzug und Wohlgeruch).

vielmehr eingebunden in jenen Traditionszusammenhang, der mit dem Text gegeben ist. Der Äthiopier hat diesen Traditionszusammenhang gerade in anderer Form durch seinen Besuch am Jerusalemer Tempel erlebt. Aus diesem Reservoir kann Philippus schöpfen. Die Textarbeit fordert den Verstand heraus und erschließt einen neuen Horizont. Sie setzt Vorkenntnisse voraus und zielt auf Vertiefung bzw. Vernetzung.[41] Die Bekanntschaft mit dem Evangelium ist in jedem Falle auch ein Bildungsereignis, das Weltdeutung beinhaltet und den Reichtum jener Zusammenhänge sichtbar macht, in denen es zuerst erklungen ist. Der Äthiopier setzt seinen Weg voller Freude fort, in jeder Hinsicht bereichert.
Der Bezug auf "die Schriften" ist für das missionarische Handeln der frühen Christenheit konstitutiv. Ihre Botschaft gewinnt Profil im Licht einer langen, an Lebensgeschichten, Gebeten, Hoffnungen und Verheißungen reichen Überlieferung, in die sie eintritt und die sie auch weiterträgt. Nur da konnte Gott in Vergessenheit geraten, wo auch diese Geschichte in Vergessenheit geraten ist, wo niemand mehr Fragen nach den Texten und Bildern stellt, die es doch überall zu lesen und zu sehen gibt. Die Grenzen zwischen dem Abenteuer der Bildung und der Herausforderung missionarischen Handelns sind fließend.

2.10 Grenzen akzeptieren

Alle genannten Aspekte missionarischen Handelns scheinen das eine Ziel zu verfolgen, Grenzen zu überschreiten. Anfangs sind das die Grenzen, die innerhalb des Gottesvolkes Israel bestehen. Bald schon aber überschreitet die Verkündigung des Evangeliums auch die Grenze zwischen Israel und der Völkerwelt. Grenzen geographischer Regionen und Grenzen religiöser Hoheitsgebiete schließen sich an. Dass gerade der Schritt über die Grenzen des Gottesvolkes hinaus von enormer Brisanz ist, hat Lukas in der Apostelgeschichte erzählerisch eindrucksvoll gestaltet. Paulus schließlich erscheint noch einmal als Protagonist jener grenzüberschreitenden Dynamik, wenn er in Röm 15,23 – erstaunlich genug – bekennt, im Osten des Römischen Imperiums keinen Raum mehr zu haben. Um so wichtiger ist es deshalb, gerade von Paulus auch die Grenzen missionarischen Handelns akzeptieren zu lernen. Zwei Beispiele können das verdeutlichen.
Als einen der offenbar eisernen Grundsätze der eigenen Tätigkeit nennt Paulus den Respekt vor fremden Arbeitsgebieten. Die Gemeinde von Korinth, in der es auch andere profilierte Persönlichkeiten gab,

---

41 Das ist dann besonders einsichtig, wenn es sich bei dem Äthiopier um einen Proselyten handelt; vgl. dazu zuletzt *Jacob Jervell*, Die Apostelgeschichte des Lukas, KEK III, Göttingen 1998, 268-275.

warnt er vor Konkurrenzen und betont die gemeinsame Aufgabe. Sich selbst reiht er gleich den anderen ein unter die "Mitarbeiter Gottes / θεοῦ συνεργοί," (1Kor 3,9). Nachdrücklich betont er das konstruktive Zusammenspiel zwischen pflanzen und gießen, fundamentieren und bauen. In diesem Rahmen erweist er eine erstaunliche Selbstrücknahme und Toleranz, die im Philipperbrief so weit reicht, selbst Verkündigung aus Neid und Rivalität noch zuzugeben – wenn nur Christus verkündigt wird.[42] Keine Kompromisse allerdings gibt es für ihn, wenn bereits bestehende Gemeinden als Zielgruppe neuer missionarischer Aktionen anvisiert werden. Genau das wirft Paulus in 2Kor 10,15 den dort auftauchenden Gegenmissionaren vor. In Röm 15,20-21 formuliert er dann noch einmal angesichts der durchaus delikaten Situation seiner eigenen Pläne gegenüber der bereits bestehenden römischen Gemeinde: "Ich habe es aber als meine Ehrensache angesehen, das Evangelium nicht dort zu verkündigen, wo der Name Christi schon bekannt war. ..." Vor dieser Grenze bleibt Paulus stehen. Sein Grundsatz behält Gültigkeit, auch wenn die Grenzverläufe zwischen "eigenem" und "fremdem Grund" heute ganz anders verlaufen mögen.
Eine Grenze ganz anderer Art hatte Paulus zuvor schon in Röm 9-11 beschrieben. Er ringt in diesen Kapiteln mit einer Paradoxie, die er auch nach mehreren Anläufen letztlich nicht aufzulösen vermag.[43] Israel als das erwählte Volk Gottes und Träger der prophetischen Verheißungen hat sich in großen Teilen nicht wie erwartet zu Jesus von Nazaret als dem Messias bekannt. Paulus, selbst Hebräer, Benjaminit, durch pharisäische Ausbildung theologisch geschult, nach eigenem Bekunden ein "Eiferer für die väterlichen Überlieferungen", leidet an dieser Situation.[44] Er hat es an Engagement in der Verkündigung nicht fehlen lassen – gleichsam intern und denen gegenüber, die er als seine "Brüder und Stammesverwandten nach der Herkunft" (9,3) bezeichnet. Sein Schritt über die Grenzen Israels hinaus erfolgt auch nicht etwa aus Frustration – Israel bleibt für Paulus die erste Adresse der Zuwendung Gottes, und das aus sachlich-theologischen Gründen. Zugleich weiß er, dass zwischen dem erwählten Gottesvolk und der Völkerwelt ein Unterschied bestehen bleibt, dass Israel seiner Erwählung auch durch ein Nein zu Christus nicht einfach verlustig geht, dass die heilsgeschichtlichen Prärogativen und Privilegien Israels bestehen bleiben. Gerade darin liegt ja die Paradoxie begründet, deren Lösung

---

42 *Christfried Böttrich*, Verkündigung aus "Neid und Rivalität"? Beobachtungen zu Phil 1,12-18, ZNW 95, 2004, 84-101.

43 Vgl. besonders *Nikolaus Walter*, Zur Interpretation von Römer 9-11, ZThK 81, 1984, 172-195.

44 Zur jüd. Identität des Paulus, die eine entscheidende Voraussetzung für seine Behandlung dieser Frage darstellt, vgl. ausführlich *Karl-Wilhem Niebuhr*, Heidenapostel aus Israel. Die jüdische Identität des Paulus nach ihrer Darstellung in seinen Briefen, WUNT 62, Tübingen 1992.

Paulus letztlich der göttlichen Weisheit überlassen muss (11,33-36). Jenem Israel, dass Christus nicht bekennt, begegnet Paulus deshalb mit einer Art heilsgeschichtlichem Moratorium. Er respektiert den eigenständigen Weg des Gottesvolkes und löst es nicht unter die vielfältigen Adressaten der Völkerwelt auf. Die vieldiskutierte Formel, er wolle Israel "zur Eifersucht anreizen" (11,11-14),[45] setzt den Schwerpunkt bei der Verkündigung unter den Völkern. Die Völker zum Frieden mit dem Gott Israels zu führen – darin besteht für Paulus das nun einzig angemessene und einzig glaubwürdige Zeugnis gegenüber seinem Volk. Es ist ein Zeugnis, dass die Christenheit seither über die längste Zeit ihrer Geschichte gegenüber Israel schuldig geblieben ist – so dass das paulinische Moratorium nicht nur andauert, sondern noch einmal neues Gewicht gewonnen hat. In der EKD-Studie III zum Verhältnis von Christen und Juden aus dem Jahr 2000 wird deshalb auch zu Recht der christlichen Mission gegenüber Israel eine Absage erteilt.[46] Diese Grenze zu akzeptieren bedeutet keine schmerzhafte Beschränkung, sondern zielt auf Gewinn an Glaubwürdigkeit – und dies bereits im paulinischen Sinne.

3 Schluss

Damit bin ich am Schluss meiner Überlegungen angelangt. Der breite Konsens im Blick auf den missionarischen Charakter der christlichen Kirche kann sicher auch in seiner konkreten Füllung auf eine breitere Zustimmung stoßen – dann nämlich, wenn gerade die Vielfalt der Aspekte missionarischen Handelns als das entscheidende Charakteristikum von "Mission" gelten. Eine einzige, einlinige Konzeption lässt sich den neutestamentlichen Schriften nicht entnehmen, weil sie eben noch keine einheitliche theologische oder organisatorische Gestalt von Kirche reflektieren. Die Offenheit und Flexibilität der Kleingruppen stimuliert dabei zu einer sehr genauen Wahrnehmung der eigenen Situation – hinsichtlich ihrer theologischen Voraussetzungen ebenso wie hinsichtlich ihrer strategischen Chancen. An diesem Punkt ist die Affinität zu unserer heutigen Situation in besonderer Weise gegeben. Eine

---

45 Zuletzt monographisch behandelt bei *Richard H. Bell*, Provoked to Jealousy. The Origin of the Jealousy Motif in Romans 9-11, WUNT 2/63, Tübingen 1994.

46 Christen und Juden III. Schritte zur Erneuerung im Verhältnis zum Judentum. Eine Studie der Evangelischen Kirche in Deutschland, Gütersloh 2000, 47-65 (Die bleibende Erwählung Israels und der Streit um die Judenmisson).

Minorität mit einer großen Hoffnung und eine Minorität mit einem großen Erbe unterscheiden sich zwar deutlich in ihrer Ausgangssituation. Aber sie stimmen darin überein, dass nur in der Vielfalt der Ansätze missionarisches Handeln zum Zuge kommen kann.

2.2 „Wie kann Christus der Herr auch der Religionslosen werden?“ Von der Volkskirche zur Missionskirche

Hans-Jürgen Abromeit,
Bischof der Pommerschen Evangelischen Kirche

Als Theologiestudent machte ich im Sommer 1978 mit Frau und Kind eine einwöchige Besuchsreise zu einem befreundeten Theologiestudentenpaar nach Ostberlin. Wir mussten mit Visum in die DDR einreisen und im Zwangsumtausch DM gegen DDR-Mark tauschen. Weil wir nun aber bei Freunden untergebracht waren, hatten wir nicht viele Ausgaben. Was sollte ich mit meinem reichlich erworbenen Geld der DDR kaufen? Der Freund führte mich in eine evangelische Buchhandlung. Hier konnte ich wissenschaftliche theologische Literatur in preiswerten Sonderausgaben – „nur zum Vertrieb in der DDR und im sozialistischen Ausland“ bestimmt – erwerben. Damals erstand ich Bonhoeffers „Widerstand und Ergebung. Briefe und Aufzeichnungen aus der Haft, herausgegeben von Eberhard Bethge, Evangelische Verlagsanstalt Berlin 1977.“ Hier las ich all die Formeln und Wendungen Bonhoeffers, die er in der Haft entwickelte und die so etwas wie das Vermächtnis seines Lebens waren, die mir die gegenwärtigen Aufgaben der Theologie und den Sinn meines Theologe-Seins aufgeschlossen haben.

Ich las vom „Beten und Tun des Gerechten unter den Menschen“[1], lernte die Begriffe „Religionslosigkeit“ und „Nicht-religiöse Interpretation“. Gemeinsam mit den Freunden in Ostberlin diskutierte ich, was Bonhoeffer mit „Offenbarungspositivismus“ und „Arkandisziplin“ gemeint habe. Ich habe später gemerkt, dass es für mein Bonhoeffer-Verständnis nicht belanglos gewesen ist, dass ich von vornherein Bonhoeffer zu verstehen versucht habe zwischen den gesellschaftlichen Welten der alten Bundesrepublik Deutschland und der damaligen Deutschen Demokratischen Republik.

Eins war uns auf jeden Fall vorab deutlich: Bonhoeffer konnte und wollte nicht verstanden werden auf der Linie „von der Kirche zur

1 *Eberhard Bethge* u.a. (Hg.), Dietrich Bonhoeffer Werke, DBW VIII, Gütersloh 1998, 435 (im Folgenden immer mit DBW abgekürzt).

Welt", die der damalige an der Humboldt-Universität in Berlin lehrende Systematiker Hanfried Müller aufgezeigt hatte[2]. Der Bonhoeffer in Tegel war nach wie vor ein höchst spiritueller Mensch. Er hatte sich nicht von dem innerkirchlichen Bereich in die Gesellschaft hineinbewegt und damit einen Ortswechsel vollzogen. Vielmehr hatte Bonhoeffer den eigentlichen Bereich der Kirche konsequent auf die Nicht- oder Noch-nicht-Dazugehörenden ausgerichtet, wie es die von ihm entlehnte und von seinem Schüler Albrecht Schönherr publik gemachte Formel von der „Kirche für andere" zum Ausdruck brachte: Hier blieb Kirche die Kirche Gottes. Sie war aber konsequent für andere da. Es gab dem Theologiestudierenden damals eine gewisse Richtung, wie Bonhoeffer auf der einen Seite Karl Barth des „Offenbarungspositivismus" bezichtigte, wie er aber Rudolf Bultmanns Ansatz auf der anderen Seite als „zu wenig weit" und darum „das Evangelium verkürzend", also als redaktionistisch und individualistisch abqualifizierte. Auch Paul Tillich bekam sein Fett ab.[3]

Alle Grobheit der Linienführung in diesen Urteilen ließ aber doch etwas Richtiges erkennen und half zur eigenen theologischen Urteilsbildung. Was aber galt es, eine biblisch-reformatorische Theologie an die Stelle der großen theologischen Lehrer des 20. Jahrhunderts zu setzen? Was war das eigentliche Thema, dem wir uns als Theologen am Ausgang des 20. Jahrhunderts zu stellen hatten? War es die Entwicklung der Welt hin zu einer immer größeren Autonomie und Mündigkeit? Wo lag die eigentliche Herausforderung des Christentums am Ende des zweiten Jahrtausends?

Als eine seiner letzten Äußerungen stellt der Bonhoeffer-Freund und -Biograph Eberhard Bethge gemeinsam mit seiner Frau, der Bonhoeffer-Nichte Renate Bethge, und dem Freund Christian Gremmels im Nachwort der historisch kritischen Ausgabe von Widerstand und Ergebung fest: „Bonhoeffers Thema ist *nicht* ‚die Mündigkeit', ‚Diesseitigkeit' und ‚Religionslosigkeit' der modernen Welt; diesen Formeln, so einleuchtend und eindrücklich sie ausfallen, kommt theologisch gesehen nur eine Hilfsfunktion zu; sie stehen im Dienst der Aufgabe, in der Gegenwart die Gegenwart Jesu Christi zu bezeugen (S. 402): „Was mich unablässig bewegt, ist die Frage, was das Christentum oder auch wer Christus heute für uns eigentlich ist."

---

2 Vgl. *Hanfried Müller*, Von der Kirche zur Welt. Ein Beitrag zu der Beziehung des Wortes Gottes auf die sociatas in Dietrich Bonhoeffers theologischer Entwicklung, Leipzig [1]1961.

3 „Tillich unternahm es, die Entwicklung der Welt – gegen ihren Willen – religiös zu deuten, ihr durch die Religion ihre Gestalt zu geben. Das war sehr tapfer, aber die Welt warf ihn vom Sattel und lief allein weiter, auch er wollte die Welt besser verstehen, als sie sich selber verstand; sie aber fühlte sich völlig mißverstanden und wies ein solches Ansinnen ab." DBW VIII, 480.

„Diesseitigkeit", „Weltlichkeit" und „Autonomie" werden thematisch, weil „die Inanspruchnahme der mündig gewordenen Welt durch Jesus Christus" (S. 504) das Thema ist; und „Religionslosigkeit" ist für Bonhoeffer nicht Widerlegung, sondern Herausforderung eines Christentums, das sich der Frage stellt (S. 404): „Wie kann Christus der Herr auch der Religionslosen werden?"[4]

Die Aufgabe, der sich Bonhoeffer ganz neu stellt, ist eine missionarische Aufgabe: „Wie kann Christus der Herr auch der Religionslosen werden?" Diese Frage ist allerdings keine Frage, die bloß auf der methodischen oder formalen Ebene bearbeitet und beantwortet werden könnte. Im Zuge der Überlegungen Bonhoeffers in Tegel ist sie gleichzeitig auch immer die Rückfrage nach Gott und Jesus Christus: Was ist das für ein Gott, der uns in einer Welt unter der Bedingung seiner nicht wahrnehmbaren Anwesenheit leben lässt? Wer ist Jesus Christus, wenn er Gottes Selbstoffenbarung an uns ist? Die missionarische Grundfrage lautet dann: Wie kann Christus der Herr derjenigen werden, in deren Leben für Gott kein Platz ist – nicht nur, weil sie ihm keinen Platz einräumen wollen, sondern weil der Prozess des Mündigwerdens des Menschen objektiv keinen für Gott reservierten Bereich übrig gelassen hat? Wie kann man in einer Welt glauben, in der sich die Lebens- und Bewusstseinskonstitution der Menschen so wesentlich verändert hat? Die missionarische Frage, wie Christus der Herr der Religionslosen werden kann, hängt untrennbar an der Frage nach der eigenen Identität als Christ und als Kirche. Darum korrespondiert diese Frage mit der anderen, die Bonhoeffers eigentliche Lebensfrage geworden ist, nämlich „wer Christus heute für uns eigentlich ist".[5]

Wenn die missionarische Frage am Ende des Lebens Bonhoeffers so in den Mittelpunkt seines Denkens tritt, dann müssen wir fragen, ob dies eine für ihn neue Entwicklung ist oder ob er damit einer seiner bisherigen Theologie inhärenten Frage Ausdruck gibt. Ich möchte deshalb Bonhoeffers theologischen Denkweg von den akademischen Prüfschriften bis hin in die Finkenwalder Zeit darauf hin untersuchen, ob die evangelistische oder kybernetische Fragestellung in diesen Phasen seines Lebens bereits in Erscheinung tritt oder nicht.

1 Kein Seitenthema, sondern die Mitte Bonhoefferscher Theologie

Mit seiner Dissertation wendet sich Dietrich Bonhoeffer – selbst erst 19 Jahre alt – dem Thema Kirche zu. Wozu ist die Kirche da? In welcher Beziehung steht die vorfindliche Kirche – für Bonhoeffer die

---

4 DBW VIII, 652 f.

5 DBW VIII, 402; vgl. *Hans-Jürgen Abromeit*, Das Geheimnis Christi. Dietrich Bonhoeffers erfahrungsbezogene Christologie, Neukirchen-Vluyn 1991, 12-16.

Kirche der Altpreußischen Union – zu ihrer dogmatischen Bedeutung? Der junge Theologiestudent klärt eigene Fragen, indem er in 18 Monaten unter dem Titel „Gemeinschaft der Heiligen" (Sanctorum Communio) „eine dogmatische Untersuchung zur Soziologie der Kirche"[6] schreibt. In gewisser Weise ist die Arbeit typisch für Bonhoeffer. Sie verbindet Soziologie und Theologie, Empirie und Dogmatik, Erfahrung und Glaube. Damit hat Bonhoeffer bereits das Besondere seines theologischen Denkansatzes entworfen – nicht immer zur Freude seines Doktorvaters Reinhold Seeberg, dem das Ganze zu stark dialektisch, d.h. von der Theologie Karl Barths her bestimmt war. Bonhoeffers Leitfrage ist: Wie kommen Offenbarung und Erfahrung zusammen?

Bonhoeffer setzt ganz umfassend an. Ernst Lange hat den nicht immer leicht verständlichen Gedankengang zusammengefasst. Die Geschichte der Kirche erstreckt sich „von der Kirche in der Gestalt der urständlichen Menschheit über den Zerbruch der Kirche in der gefallenen Menschheit zur Überwindung dieses Bruchs und zur Wiederherstellung der Kirche in der in Christus bereits vollendeten, durch den Heiligen Geist in Raum und Zeit auf das Reich hin aktualisierten Menschheit".[7]

Von vornherein wird also die Kirche als die dem Willen Gottes entsprechende Gemeinschaftsform der Menschheit verstanden. Bonhoeffer denkt universal. Die Kirche ist auf die ganze Menschheit bezogen. Der Kernsatz von „Sanctorum Communio" lautet deswegen: „Die Kirche ist der neue Wille Gottes mit den Menschen."[8]

Mit dieser Formulierung hat die Kirche ein Angebot, das für jeden Menschen relevant ist. Wer die Aufgabe der Kirche mit weniger Relevanz beschreibt, greift zu kurz. Die Kirche ist eine Existenzform, die alle Menschen meint. In ihr drückt sich aus, was Gott mit allen Menschen vorhat. Die Kirche kann sich deswegen nie mit sich selbst in ihrer gegenwärtigen Vorfindlichkeit begnügen. Sie zielt – und dies mit der höchsten Autorität, die ihr beigelegt werden kann, nämlich als „der neue Wille Gottes" – auf jeden Menschen.

Im Unterschied zu seinem Lehrer Reinhold Seeberg fasst Bonhoeffer diesen Willen Gottes streng christologisch. Seeberg hatte – ausgehend von Hegels Vorlesung über die Philosophie der Religion – dessen

---

6 So der Untertitel seiner Arbeit Sanctorum Communio. Eine dogmatische Untersuchung zur Soziologie der Kirche, hier zitiert nach DBW I.

7 *Ernst Lange*, Kirche für andere. Dietrich Bonhoeffers Beitrag zur Frage einer verantwortbaren Gestalt der Kirche in der Gegenwart, in: ders.: Kirche für die Welt. Aufsätze zur Theorie kirchlichen Handelns, hg. von *Rüdiger Schloz*, München 1981, 24 f.

8 DBW I, 87. *Wolfgang Huber* bezeichnet diesen Satz als „Kernsatz" in: ders.: Wahrheit und Existenzform. Anregungen zu einer Theorie der Kirche bei Dietrich Bonhoeffer, in: ders.: Folgen christlicher Freiheit. Ethik und Theorie der Kirche im Horizont der Barmer Theologischen Erklärung, Neukirchen-Vluyn [2]1985, 172.

Formulierung „Gott als Gemeinde existierend" aufgenommen.[9] Dagegen formuliert Bonhoeffer in seinen „Leitsätzen über die Anschauung des Neuen Testaments von der Kirche": „Die Kirche ist Gegenwart Christi, wie Christus Gegenwart Gottes ist. Das Neue Testament kennt eine Offenbarungsform ‚Christus als Gemeinde existierend'."[10] So ist die Offenbarung Gottes nicht abgeschlossen, sondern setzt sich heute in seiner Gemeinde fort. In der Einzelgemeinde, die mit Paulus als Leib Christi zu verstehen ist, wird Gott Ereignis. So legt Bonhoeffer die Grundlage für ein empirisches Verständnis der Kirche als Gemeindekirche, d.h. auf der Grundlage einer aus Gemeinden aufgebauten Kirche. Diese in und durch Christus bereits realisierte Kirche wird durch den Heiligen Geist aktualisiert und findet in der empirischen Gestalt der Kirche ihren Ausdruck.

In diesem Zusammenhang führt Bonhoeffer – eher als einen Nebengedanken – die Unterscheidung zwischen Volkskirche und Missionskirche ein. Aufgrund seines Ansatzes kann die Kirche sich nicht mit der kleinen Gruppe und den religiös Willigen zufrieden geben, sondern: „Die Kirche muss in die Auseinandersetzung mit der Masse hinein, sie muss hören, wo die Massen nach Gemeinschaft rufen, in der Jugendbewegung, im Sport, und darf es hier nicht unterlassen, auch ihr Wort von der Sanctorum Communio mitten hinein zu rufen."[11]

In diesem Zusammenhang fragt Bonhoeffer nach der Angemessenheit der Kindertaufe. Die Kindertaufe und eine entsprechende Konfirmationspraxis macht Sinn in einer Volkskirche. Er stellt fest: „So ist die Taufe einerseits wirksames Handeln in der Gnadengabe, durch die das Kind in die Gemeinde Christi hineingestellt wird, sie involviert aber zugleich den Anspruch, dass das Kind in der christlichen Gemeinde bleibe."[12] Solange also das getaufte Kind in der Gemeinde aufwachsen kann, solange seinem kindlichen Glauben Nährboden geboten wird, um sich zu entwickeln, und ihm durch den „objektiven Geist der Gemeinde" eine entsprechende Umgebung geboten wird, solange ist die Kindertaufe verantwortlich. Aber Bonhoeffer fährt fort: „Damit ist aber dem Sinn der Kindertaufe dort die Grenze gesetzt, wo die Gemeinde nicht mehr ernsthaft daran denken kann, das Kind zu ‚tragen', wo die Kirche innerlich zerrüttet ist und es gewiss ist, dass das Kind mit der Taufe das erste und letzte Mal mit ihr in Berührung tritt. … Hier aber muss rechtzeitig erkannt werden, wo eine Kirche nicht mehr Volks-, sondern Missionskirche geworden ist."[13]

---

9 Vgl. *Wolfgang Huber*, a.a.O. 173 und die Anmerkungen von *Joachim von Soosten* in DBW I, 271 Anmerkung 205.

10 DBW I, 87.

11 DBW I, 164.

12 Ebd.

13 DBW I, 165; vgl. 282 f.

Nach Bonhoeffer ist also das die Volkskirche ablösende Paradigma nicht die Freiwilligkeitskirche. Diese lehnt er aus theologischen Gründen ab: Sie ist soziologisch nach einer Vereinsstruktur organisiert und beruht nur auf dem individuellen Entschluss ihrer Mitglieder. Dass aber ist schwankender Boden und eignet sich nicht für die notwendige Öffentlichkeitswirkung der Kirche. Freiwilligkeitskirche bedeutet – wie die Erfahrung lehrt – häufig Nischenkirche.
Das an die Stelle der Volkskirche tretende Paradigma heißt bei Bonhoeffer Missionskirche. Dies ist eine Kirche, die auftragsgemäß das Gesamte der Gesellschaft im Blick behält, aber mit realistischem Blick wahrnimmt, dass nicht mehr die Mehrheit der Angehörigen eines Volkes zu ihr gehören.
Bonhoeffer schreibt seine Doktorarbeit in einer Zeit des politischen und auch kirchlichen Umbruchs. Die Staatskirche mit dem Landesherrn, also in Bonhoeffers Fall dem preußischen König als Summus Episcopos, war 1918 an ihr Ende gekommen. Mühsam versuchten die Landeskirchen, sich neu zu organisieren. Bisher hatte es Kirchenverwaltung nur als Unterabteilung der staatlichen Bürokratie gegeben. Mit dem Terminus „Missionskirche“ leistet Bonhoeffer einen Beitrag zur Neukonstituierung der Kirche in einer Zeit des Übergangs. Es deutet sich allerdings nur an, dass die strukturellen und Mentalitätsänderungen, die notwendig werden, damit eine Kirche von der Volkskirche zur Missionskirche werden kann, wesentlich weiter gehend sind, als es im Kontext dieser frühen Schrift Bonhoeffers ausgeführt werden kann. Wir werden etwas klarer sehen, wenn wir uns seinem Hauptwerk zuwenden, mit dem Bonhoeffer auch zu Lebzeiten bekannt geworden ist: der „Nachfolge“.

2 Die „Nachfolge“ als Kern der Theologenausbildung

Das 1937 erschienene Buch „Nachfolge“ ist im Grunde genommen der Extrakt aus den zentralen Vorlesungen des Predigerseminars der Bekennenden Kirche, das im April 1935 in Zingst gegründet wurde und dann im Juni desselben Jahres – über eine kurze Zwischenstation in Greifswald – nach Finkenwalde bei Stettin umziehen musste.[14] Über die der Wahrheit der Kirche entsprechende Existenzform sagt Bonhoeffer in seinen Homiletikvorlesungen: „Die Wahrheit, die die Kirche verkündigt, ist die Wahrheit, die sich eine eigene Existenzform in der Kirche schafft. Der Wahrheits- und Wirklichkeitscharakter der Predigt hängt von der Existenzform der Kirche ab, d.h. von der Nachfolge. Die der Wahrheit der Predigt angemessene Existenzform der

14 Vgl. das Vorwort der Herausgeber *Martin Kuske* und *Ilse Tödt* zur historisch-kritischen Ausgabe in DBW IV, 10.

Kirche ist nicht Volksverbundenheit, sondern die Nachfolge, der Gehorsam gegen das Gebot Jesu Christi.“[15] In dieser Existenzform der Nachfolge sollten die zukünftigen Pfarrer leben.
Was allerdings Nachfolge Jesu bedeutet, scheint Bonhoeffer in der Evangelischen Kirche unklar. Deswegen legt er in den zentralen Veranstaltungen des Predigerseminars die Nachfolgeworte Jesu, die Bergpredigt und die paulinischen Aussagen über die Gemeinde als Leib Christi aus. Der aus Australien stammende und heute in den USA lehrende Bonhoeffer-Forscher Clifford Green hat in seiner grundlegenden Bonhoeffer-Arbeit "The Sociality of Christ and Humanity“ gezeigt, wie in dieser Auslegung Bonhoeffers eigene Erfahrungen einer Wende vom Theologen zum Christen[16] als Hintergrund für seine Auslegung der Nachfolgeworte Jesu dienen.
Nachfolge ist für Bonhoeffer keine selbst gewählte Entscheidung, sondern die schlichte Antwort auf den Ruf Jesu: „Jesus ruft in die Nachfolge... Es gibt keinen anderen Weg zum Glauben als den Gehorsam gegen den Ruf Jesu ... Es ist ... nichts anderes, als die Bindung an Jesus Christus allein, d.h. gerade die vollkommene Durchbrechung jeder Programmatik, jeder Idealität, jeder Gesetzlichkeit. Darum ist kein weiterer Inhalt möglich, weil Jesus der einzige Inhalt ist. Neben Jesus gibt es hier keine Inhalte mehr. Er selber ist es ... Nachfolge ist nichts als Bindung an die Person Jesu Christi allein...“[17].
Nachfolge ist nicht nur ganzheitlich, sondern auch universal. In der Nachfolge beschlagnahmt Jesus Christus nicht nur das ganze Leben des Nachfolgers, sondern in der Nachfolge liegt auch die Tendenz, die Gemeinschaft der Nachfolgenden zu vergrößern. In der Auslegung von Math. 9,35-38 führt Bonhoeffer aus: „Der Blick des Heilandes fällt erbarmend auf sein Volk, auf Gottes Volk. Es konnte ihm nicht genug sein, dass einige wenige seinen Ruf gehört hatten und ihm nachfolgten. Er konnte nicht daran denken, sich mit seinen Jüngern aristokratisch abzusondern und in der Weise großer Religionsstifter ihnen in der Abgeschiedenheit von der Menge des Volkes die Lehren höherer Erkenntnis und vollkommener Lebensführung zu übermitteln.“[18] In seiner Zeit, in der Auseinandersetzung mit den Kirchenausschüssen, die die Leitung der Kirche übernehmen sollten, sieht er ein Versagen der Pfarrerschaft. (Seine Kritik trifft auch die damalige Leitung der Pommerschen Evangelischen Kirche.) Wegen des „Missbrauches des Wortes Gottes durch die berufenen Diener am Wort“ sind „keine Hirten mehr da“[19]. Entscheidend für die Arbeit der von Chris-

15 DBW XIV, 482 f.
16 Vgl. *Eberhard Bethge*, Dietrich Bonhoeffer. Theologe – Christ – Zeitgenosse. Eine Biographie, Gütersloh ^{8}2004 [München ^{1}1968], 246-250.
17 DBW IV, 45-47.
18 DBW IV, 193.
19 DBW IV, 194.

tus Ausgesandten sind nicht ihre Motivation und Wünsche, sondern die Sendung durch Jesus (vgl. Math. 10,5f). „Nicht um unserer noch so großen Liebe zu unseren Brüdern im Volk oder zu den Heiden in fremden Ländern willen bringen wir ihnen das Heil des Evangeliums, sondern um des Auftrags des Herrn willen, den er im Missionsbefehl (vgl. Math. 28,18-20) gegeben hat."[20]
Indem die von Christus Gesandten ihren Auftrag ausführen – und Bonhoeffer denkt hier immer an die Vikare, denen er dies als Ausbildung zum Pfarramt sagt – geht „der eine Jesus Christus in seinen ... Boten durch das Land und tut sein Werk"[21]. In diesem Zusammenhang kritisiert Bonhoeffer auch – bereits in der Nachfolge – den Status des beamteten Pfarrers. „In königlicher Armut sollen die Boten Zeugnis ablegen von dem Reichtum ihres Herrn."[22] In dieser Zeit der Auseinandersetzungen mit der staatlichen Macht und mit den zu Kompromissen neigenden kirchlichen Autoritäten reduziert Bonhoeffer den Auftrag der Kirche auf das Essenzielle. Ihr Auftrag ist im Kern Verkündigung, und deren Inhalt ist „kurz und klar". „Sie melden den Anbruch des Gottesreiches, sie rufen zur Umkehr und zum Glauben. ... ‚Heute, so ihr seine Stimme höret, so verstocket eure Herzen nicht!' (Hebr. 4,7). Das ist evangelische Predigt. Ist das unbarmherzige Hast? Nichts ist unbarmherziger, als den Menschen vorzuspiegeln, dass sie noch Zeit hätten zur Umkehr."[23]
Nicht nur die Predigt im Allgemeinen – wie eine Untersuchung der in Zingst und Finkenwalde gehaltenen Homiletikvorlesungen zeigt –, sondern die evangelistische Predigt im Besondern ist von dieser Elementarität geprägt. Pfarrer sind immer auch Evangelisten. Der Missionsbefehl strukturiert den Dienst des Pfarrers insgesamt. Jesus konnte sich nicht damit beruhigen, dass einige Wenige treu bei der Gemeinde bleiben; und so sucht auch Bonhoeffer mit dem Bruderhaus – das ist ein kommunitärer Kern des Predigerseminars in Finkenwalde – nach Wegen, wie auch die erreicht werden können, die nicht zum Gemeindekern gehören.
Es lohnt sich, die Evangelisation als Unterrichtsfach im Predigerseminar und die Praxis der vom Seminar geübten Volksmission genauer zu betrachten.

3 Evangelisation als Unterrichtsfach im Predigerseminar

Im Predigerseminar musste Bonhoeffer die praktisch-theologischen Schwerpunkte, in die er bisher nicht eingearbeitet war, in Lehrveran-

20 DBW IV, 198.
21 DBW IV, 199.
22 DBW IV, 200.
23 DBW IV, 202.

staltungen behandeln. Also widmete er sich den klassischen Themen Predigt, Gottesdienst, Unterricht, Seelsorge sowie Gemeindeaufbau und Evangelisation.[24] Der Themenbereich der Evangelisation wird zum Teil im Rahmen der gängigen Unterrichtsveranstaltungen angeboten, zum andern Teil als eigene Einheiten gelehrt. Als Beispiel für die Integration des Evangelisationsthemas in die üblichen Lehrveranstaltungen kann die Seelsorgevorlesung vom 26. Februar 1936 dienen. Sie steht unter der Überschrift „Das Gespräch mit den Gleichgültigen.“ Bonhoeffer unterscheidet drei verschiedene Gruppen der Gleichgültigen bzw. Unentschiedenen dem Evangelium gegenüber[25]: erstens die völlig von Beruf und Familie Ausgefüllten, zweitens die Gebildeten und drittens die verstockt Gleichgültigen.

Der von Beruf und Familie so Ausgefüllte hat keine Kapazität mehr für Kirche und Glauben; er steht sozusagen neben der Kirche. Es ist Teil der Seelsorge, auch diese Menschen mit Gott zu konfrontieren. Seelsorge hat also eine eminent missionarische Zielsetzung. Exemplarisch führt Bonhoeffer seinen Vikaren einen Dialog mit dieser Gruppe der Gleichgültigen vor: „Warum hältst du dich nicht zur Kirche? – Ich brauche sie nicht: Zwar religiös, christlich, aber befriedige meine Bedürfnisse ohne die Kirche. Es geht doch auch ohne sie. – Ja, aber es geht nicht ohne Christus. – Ja, den lasse ich natürlich gelten. – Wissen Sie, was Christus verlangt? Nicht halbe Sache, ganz oder gar nicht! – Dann wird der andere schließlich sagen: Dann bin ich eben kein Christ. – Nein, Sie sind kein Christ, Sie sind gegen Christus. Wer nicht mit mir ist, der ist wider mich. So muss man direkt auf solche Leute zugehen. – Also kein Christ? – Ja, Sie müssen von vornherein anfangen mit Christus, ganz von vorne. Dann werden Sie sich von selbst zu denen halten, denen es ernst ist mit Christus: Er will unter seinen Gläubigen, seiner Gemeinde sein. Wenn Sie für Christus sind, werden Sie auch für seine Kirche sein.“ Bonhoeffer gibt mehre Beispiele solcher zupackender, fast aggressiver Dialoge.

Bei dem Prototypen des Gebildeten, der sich weit über die Dinge des Glaubens hinauswähnt, charakterisiert er gewiss richtig die Individualisierung und Intellektualisierung des Religiösen als Grundkennzeichen. Er rät, behutsam zuzuhören und ein schlichtes Zeugnis des kindlichen Glaubens abzulegen. Bei Gebildeten sei vom philosophischen oder halbreligiösen Gespräch abzuraten. Es komme vielmehr darauf an, „kompromisslos Christus zu verkündigen“. Allerdings wäre Bonhoeffer missverstanden, wenn man ihn so verstehen wollte, als empfehle er ein plumpes und unsensibles Christuszeugnis. Vielmehr empfiehlt er: „Viel Zartheit und Rücksicht! Denn es ist da viel zerstört.“ Immer wieder gibt er Hinweise zur rechten Einfühlung in die Situation des Betroffenen.

---

24 Vgl. das Nachwort der Herausgeber DBW XIV, 1000.
25 Vgl. zum Folgenden DBW XIV, 575-579.

Bei dem Enttäuschten, Aufgeklärten und der Kirche Feindlichen sieht er die Ursache häufig in einem „Missverhältnis von Wort und Tat im Leben des Pfarrers oder im Leben der Kirche“. Hier gibt es vor allen Dingen „den stummen Dienst der Tat“. Zu Kindern und Konfirmanden, die in dieser Weise geprägt und verletzt sind, sollten die Pfarrer „wirklich nett“ sein. Eine solche selbstverständliche Freundlichkeit hätten die Jugendlichen nämlich häufig noch nicht erfahren. Bei Erwachsenen sollte der Gesprächspartner immer die Erfahrung machen, „dass man ihn persönlich ganz ernst nimmt, aber er muss manchmal spüren, dass man seine Dinge, die er vorbringt, nicht sehr ernst nimmt.“

Für Bonhoeffer steht Seelsorge unter folgender Gesamtdefinition: „Seelsorge ist Verkündigung an den Einzelnen.“[26] Auf dieser Linie sucht er mit den Seminaristen konsequent nach Wegen, wie jede und jeder Einzelne erreicht werden kann. Seelsorge hat dabei durchaus einen evangelistischen Charakter.

Auch in der Durchführung der Seelsorgevorlesung ist es Bonhoeffer wichtig, dass der Pfarrer in der Seelsorge als Nachfolger erkennbar ist. So führt er z. B. über den Hausbesuch aus: Es ist nur „dort seelsorgliches Gespräch, wo es für den Pfarrer selbst kein wesentlicheres Thema gibt, als Ausbreitung des Evangeliums. ... Das Gemeindeglied muss spüren und glauben, dass der Pfarrer in dieser Wirklichkeit lebt, und dem Pfarrer muss der Mund überfließen von dem, des das Herz voll ist.“[27] Am Beispiel der Seelsorge zeigt sich, wie der missionarische Auftrag das ganze pastorale Wirken umgreift und auch die persönliche Existenz des Pfarrers prägen will. Er prägt deswegen auch die gesamte Lehrtätigkeit im Seminar, was sich an vielen Einzelbeispielen aufzeigen ließe. Evangelisation und Gemeindeaufbau sind für Dietrich Bonhoeffer zentrale Themen.[28]

Ja, das tiefere Ringen um Erweckung liegt Bonhoeffers gesamter Tätigkeit zugrunde. Man fühlt sich schon an die große und wichtige Bedeutung der Tegeler Formel vom „Beten und Tun des Gerechten“ erinnert und an Bonhoeffers Erwartung, dass von Gott nach dieser Zeit des Wartens und Betens wieder mit einer neuen Vollmacht geredet werden kann. Die Gegenwart der Kirche ist für Bonhoeffer geprägt von dem Verhängnis des Gerichtes. Die Kirche steht unter dem Gericht Gottes: „Sie wartet und beugt sich dem Gericht, bis Gott selbst wiederkommt, und sie betet um Erweckung. Aus der Erweckung durch den Geist Gottes kommt Erneuerung der Kirche. ... Darum ist das Ge-

26 DBW XIV, 555.

27 DBW XIV, 571 f.

28 Vgl. z.B. auch die Vorlesung „Gemeindeaufbau und Gemeindezucht im Neuen Testament“, DBW XIV, 820–829.

bet um die Erweckung der Anfang einer echten Erneuerung der Kirche.“[29]
So sehr sich die Gemeinde Gottes bewusst ist, dass es „echte Erweckung ... nur aufgrund von gewisser Verheißung“ gibt, so sehr ist sich Bonhoeffer auch darüber im Klaren, dass Verheißung nicht gegen Planung ausgespielt werden darf. „Nicht in elanlose Schwärmerei, sondern in zielbewussten Gehorsam gegen die Verheißung Gottes führt die Erweckung.“[30]
In der Homiletikvorlesung gibt es einen ausdrücklichen Abschnitt zum Thema Volksmission. Auch hier geht Bonhoeffer wiederum vom umgreifenden und universalen Auftrag der Verkündigung des Evangeliums aus, sieht aber auch die Grenzen dieses Auftrages. Sie liegen zum einen dort, wo trotz vielfachen Bemühens um die Verkündigung des Evangeliums mit bloßer Ablehnung reagiert wird, ja sogar „die Predigt verworfen wird.“[31] Das Evangelium ist kostbar, die Gnade teuer. Beides darf nicht einfach verschleudert werden. Hier haben wir Auswirkungen der altkirchlichen Arkandisziplin zu verspüren. Die Perlen sollen nicht vor die Säue geworfen werden, und bei bleibender Ablehnung gegenüber dem Evangelium sollen die Verkündiger in einen anderen Ort ziehen.[32]
Eine andere Grenze des Verkündigungsauftrags sieht Bonhoeffer durch die Verheißung vorgegeben. Diese zielt darauf, „dass Gottes Wort sich allezeit ein Volk schaffen wird; aber nicht dahin, dass das deutsche Volk sich einst zu Christo bekehren werde.“[33] Damit grenzt sich Bonhoeffer gegen eine zu seiner Zeit weit verbreitete irreale und nationalistische Erwartung ab. (Diese Erwartung ist auch heute – wenn auch nicht in der von den deutschen Christen vertretenen Fassung – durchaus vorhanden, wenn z. B. die Sehnsucht dahin geht, dass doch wieder ganz Pommern eine evangelische Provinz werden möchte.) Bonhoeffer ist sich also der Ambivalenz der volksmissionarischen Arbeit in seiner Gegenwart bewusst. Er weiß, in welche Gesellschaft er sich begibt, und möchte mit seinen Vikaren neue volksmissionarische Modelle erarbeiten. Mit den volksmissionarischen Bemühungen der deutschen Christen freilich möchte er nichts gemein haben; hier ist sein Urteil hart. Die Volksmission ist „heute in Deutschland ein sehr fragwürdiges Unternehmen“.[34] Als Vorbereitung auf die eigenen volksmissionarischen Bestrebungen weist er die Vikare darauf hin,

29 Bibelarbeit zu Esra und Nehemia (21.4.1936), DBW XIV, 930 f.
30 DBW XIV, 935. Dieser Satz könnte Grundlage des spirituellen Gemeindemanagements sein, das ebenfalls die Dimension der von Gott geschenkten Vision und der zielvollen Planung, also Verheißung und Gebet einerseits, Planung und Zielbestimmung andererseits als die beiden Seiten der gleichen Münze versteht.
31 DBW XIV, 513.
32 Vgl. Math. 7,6; 19,14; DBW XIV, 513.
33 Ebd.
34 DBW XIV, 514.

dass der nachchristliche Horizont, in dem die gegenwärtigen evangelistischen Bemühungen zu geschehen haben, nicht hintergehbar ist: „Wir können nicht mehr predigen, als predigten wir zu Heiden."[35] Dieser Hinweis auf die nachchristliche Situation stellt eine Aufgabe auch für jedes angemessene Bemühen um eine Theorie der Evangelisation dar. Evangelisation zielt auf eine Verkündigung des Evangeliums in einem Raum und an Menschen, denen das Evangelium bereits einmal verkündigt worden ist, die es aber abgelehnt oder vergessen haben. Evangelisation rechnet mit dem Ressentiment der Adressaten.
Wer die nachchristliche Situation übergeht, nimmt auch das bisherige Handeln Gottes nicht ernst. „Anders zu reden, wäre eine Verachtung der Güte Gottes, der bis zur Stunde noch jedem Dorf und jeder Stadt die Predigt des Evangeliums erhalten hat."[36] In der Tat können wir nicht ignorieren, dass die flächendeckende Verkündigung in Deutschland seit Jahrhunderten geschieht, es aber in manchen Regionen nicht zur Annahme des Evangeliums und zur Bildung eines Gemeindebewusstseins gekommen ist. Da der Gemeindegottesdienst und auch die Predigt weithin nicht mehr missionarisch sind, sucht Bonhoeffer nach Möglichkeiten, wie „Christum zur letzten Entscheidung" gepredigt werden kann, d.h. nach Modellen, wie noch einmal die Predigt eine Entscheidungspredigt für das versammelte Dorf wird. Dazu entwickelt er mit den Vikaren das Modell der Volksmissionswochen.
Bevor ich mich nun der Darstellung dieses evangelistischen Modells zuwende, möchte ich Bonhoeffers grundsätzlich Überlegungen zur Volksmission zusammenfassen, indem ich einen Text heranziehe, den Bonhoeffer im Gespräch im Eberhard Bethge nach Abschluss der Predigerseminarphase verfasst hat.[37]
Auch hier nimmt Bonhoeffer die gegen die Evangelisation vorgebrachten theologischen Argumente auf, konfrontiert sie aber mit der gegenteiligen Frage: ob es nicht an der Zeit sei, heute statt der pastoralen parochialen Versorgung in den Dörfern „nur noch Volksmission zu treiben". Dann könnte man die Pfarrer aus den Dörfern, aus denen nur Drei oder Vier zur Kirche gehen, abberufen und sie bewusst in einen solchen volksmissionarischen Dienst stellen.
Ebenso wirft er die Frage auf, inwieweit die Landeskirche „als weltliche Institution als Verbindung von Thron und Altar" nicht selbst Schuld an der Entfremdung der Menschen von der Kirche sei. Hier erwägt er Gedanken, die heute weithin geteilt werden, aber auch noch immer vehementen Widerspruch hervorrufen:

35 Ebd.; vgl. Ethik, Neuausgabe 115: „Einer Welt, die sich von Christus abgekehrt hat, nachdem sie ihn gekannt hat, muss die Kirche Jesus Christus als den lebendigen Herrn bezeugen."
36 Ebd.
37 Vgl. zum Folgenden die Skizze für einen Vortrag zum Thema: „Die Bedeutung der Heidenmission für die Volksmission", in DBW XVI, 498-500 und 500 f.

Aus der so genannten Heidenmission gibt es nach Bonhoeffer für die Volksmission vor allen Dingen zweierlei zu lernen. Erstens geht es bei der Volksmission – wir würden sagen bei der Evangelisation – immer um „Erweckung zum Glauben". Ziel der Evangelisation ist Nachfolge. Zweitens muss der Gemeindeaufbau ganz neu thematisiert werden. Denn „es gibt kein privates Christsein, sondern das neue Leben selbst zwingt zum Reden, Bekennen." „Mit dem *Christwerden* beginnt sofort die Gewinnung des anderen."

Bei solchen Überlegungen darf sich die Kirche nicht von einem Gemeindeideal, sondern von dem heute anwesenden Christus leiten lassen. Auf dem Weg zu diesem Neuen darf die Kirche die vorfindliche Gestalt der Gemeinde heute nicht gering schätzen. „Über der Freude an dem Jungen, Lebendigen die alte ehrwürdige Gestalt unserer Mutter Kirche nicht verachten! Nicht aufputzen! Sondern sie lieben und ehren."

Ich finde es bewegend, wie Bonhoeffer vor 64 Jahren in der Reflexion über das, was der Gemeinde und der Kirche in seiner Zeit Not tut, diese beiden Elemente betont: Evangelisation und Gemeindeaufbau bzw. -entwicklung. Im Kontakt und Gespräch mit seinen katholischen Glaubensbrüdern im Kloster Ettal fokussierte er hier dringende Aufgaben, denen sich seine Kirche zuwenden müsse. Es ist traurig, dass mehr als ein halbes Jahrhundert vergehen musste, bevor ein Institut, das sich vornehmlich diesen Aufgaben zuwendet, ins Leben gerufen worden ist.

4 Die Volksmissionsfahrten des Predigerseminars Zingst-Finkenwalde

Aus gelegentlichen Predigt- und Gemeindeeinsätzen der Seminaristen entwickelte Bonhoeffer ein volksmissionarisches Projekt[38]. Seine Haupterkenntnis liegt darin, dass Überlieferer des Wortes Gottes – neutestamentlich gesehen – nicht Einzelne sind, sondern Gemeinden. Das neue Modell der Evangelisation setzt deswegen voraus, dass „der Bringer dieses Wortes ... nicht ein Einzelner, sondern eine Gemeinde" ist.[39] Hier führt Bonhoeffer ganz bewusst das Prinzip der „apostolischen Aussendung" ein. Subjekt der Evangelisation ist eben eine Gemeinde, „d.h. mehrere als kleine Gemeinde, als Bruderschaft, die gemeinsam unter dem Wort lebt". Hiermit verbirgt sich für Bonhoeffer eine grundsätzliche Kritik am Pfarramt, das als „Ein-Mann-System und nur aus der auch sonst üblichen Individualität der Berufsausübung heraus verstanden wird. Der geistliche Beruf könne aber nicht allein

38 Vgl. DB 555.

39 Folgendes im Anschluss an den entsprechenden Abschnitt der Homiletikvorlesung DBW XIV, 515 f.

ausgeübt werden. Man sieht hier die grundsätzliche Bedeutung dieses evangelistischen Elements der volksmissionarischen Wochen. Bonhoeffer hat mit seinem Finkenwalder Experiment – eine Lebensgemeinschaft von Theologen auf Zeit – versucht, etwas gegen die Vereinzelung des Theologen im Pfarramt zu setzen.

Diese Motivation der Finkenwalder bringt Albrecht Schönherr zum Ausdruck, wenn er in einem Rundbrief an Freunde und Mitglieder der Bekennenden Kirche schreibt: „Der Kirchenkampf hat mit grauenhafter Deutlichkeit Unbrüderlichkeit und Zerrissenheit in der jetzigen Pfarrergeneration ans Licht gebracht. In Zukunft soll jeder Pfarrer der Bekennenden Kirche, soweit Menschen da etwas tun können, wissen, dass er auch für den Amtsbruder verantwortlich ist und dass er ihn nicht allein lassen darf. Das ist für eine christliche Gemeinde an sich selbstverständlich, und doch muss ein solches Verantwortungsbewusstsein gelernt und geübt werden – schon in der Gemeinschaft der Universität."[40]

Außer volksmissionarischen Wochen in 36 Gemeinden in Pommern, der Provinz Sachsen und Brandenburg, die von Mitgliedern des Bruderhauses durchgeführt wurden, sind drei Volksmissionsfahrten des Gesamtseminars belegt, nämlich in den Kirchenkreis Belgard (Hinterpommern) vom 8. bis 15. Juni 1936, in den Kirchenkreis Greifenberg (Hinterpommern) vom 25. bis 30. Januar 1937 und in den Kirchenkreis Anklam (Vorpommern) vom 4. bis 10. Juli 1937.[41]

Eberhard Bethge beschreibt den praktischen Ablauf so: „Eine je vierköpfige Mannschaft verbrachte die ganze Woche in einem Dorf. Tagsüber teilte sie sich zu Hausbesuchen, zu Kinderstunden oder Bibelbesprechungen auf Außenwerken auf. Daran schloss sich an vier Tagen eine Abendveranstaltung in der Kirche, bei der sie alle Vier je zehn Minuten auf der Kanzel einen speziellen Gesichtspunkt der vorbereiteten und aufgeteilten Thematik behandelten. So dauerte der Abendgottesdienst nie viel länger als eine Stunde. Es kamen dazu weit mehr Einwohner, als man zu erwarten gewagt hatte."[42] Bonhoeffer war diese Arbeit sehr wichtig. In einem Antrag an den Rat der EKU betont er, dass eben die Arbeit im Predigerseminar und im Bruderhaus nicht klösterliche Abgeschiedenheit, sondern innerste Konzentration für den Dienst nach außen"[43] zum Ziel habe. Insgesamt hält er diese Arbeit der Evangelisation für „eine ganz neue und unvergleichlich wichtige Arbeit"[44]. Offensichtlich hat ihn auch später diese Frage nicht losgelassen. Er erwähnt diese Arbeit immer wieder in seiner Korrespondenz

---

40 *Albrecht Schönherr*, ... aber die Zeit war nicht verloren. Erinnerungen eines Altbischofs, Berlin 1993, 106 f.

41 Siehe die Übersicht in DBW XIV, 1068–1070.

42 DB 615, vgl. *Otto Dudzus* Darstellung im Vorwort von DWB XIV, 14 f.

43 DBW XIV, 77.

44 DBW XIV, 176.

mit Freunden und Mitarbeitern. Schließlich bringt er Eberhard Bethge, als dieser ihn im Kloster Ettal besucht, mit Vertretern katholischer Volksmission zusammen.
Auf dem Hintergrund dieser Erfahrungen der Volksmissionswochen rührt Bonhoeffer ein grundsätzliches Problem in ausgedünnten Gegenden an, die vom Evangelium noch nie tief erreicht worden waren. Ausgehend von Erfahrungen in der Kirchenprovinz Sachsen und bei der vor Augen liegenden vorpommerschen Situation fragt Bonhoeffer, „ob wir nicht heute zu einer gründlichen Neuordnung des Kräfteeinsatzes kommen müssen. Unser heutiger Konservativismus ist ja wirklich auch theologisch durchaus nicht so eindeutig gerechtfertigt."[45] Bonhoeffer hat erfahren, wie mürbe und resignativ es Pfarrer machen kann, wenn sie sich ein ganzes Berufsleben lang in Gemeinden quälen müssen, in denen kaum je mehr als drei bis acht Teilnehmer zu den Gottesdiensten kommen. Er fragt, ob es verantwortlich ist, solche Zustände auf Dauer aufrecht zu erhalten.
Ich komme zum Schluss und frage zusammenfassend, was wir heute von Bonhoeffer lernen können. Für die weitere Arbeit des Instituts zeichnen sich mir vier Aufgaben ab, die helfen können, eine Kirche auf dem Weg von der Volkskirche zur Missionskirche zu begleiten. Vielleicht helfen diese vier Aufgaben, aus der Vielzahl der Bereiche, die das Institut bearbeiten soll, jetzt diejenigen in den Blick zu nehmen, die besonders dringender Bearbeitung bedürfen.
Orientieren wir uns an Bonhoeffer, so hat das Institut:

1. nicht zuerst eine methodische oder praktische Aufgabe, sondern als ein theologisches Forschungsinstitut sollte seine vornehmste Aufgabe sein, eine elementarisierte Theologie zu entwickeln. Als Leitfrage mag die Bonhoeffersche Formulierung aus Tegel dienen: „Was glauben wir wirklich? d.h. so, daß wir mit unserem Leben daran hängen?"[46]
2. Das Institut sollte Wege aufzeigen, wie die Evangelische Kirche in der Gegenwart öffentlich wirken kann und nicht in die Falle tappt, sich auf eine fromme Nische in der Gesellschaft zu beschränken.
3. Das Institut muss erarbeiten, welche Kirchenverfassung dienlich ist, damit die Kirche heute Missionskirche und Gemeindekirche sein kann?
4. Schließlich sollte das Institut die nachchristliche Situation als Raum der Evangelisation verstehen lernen.

---

45 DBW XIV, 178.
46 DBW VIII, 559.

In all dem würde das Institut einen Beitrag leisten, um eine fundierte Antwort auf Bonhoeffers Frage zu geben: „Wie kann Christus der Herr auch der Religionslosen werden?“

2.3 Was wurde aus dem „missionarischen Gemeindeaufbau“? Zwischenbilanz 25 Jahre nach „Überschaubare Gemeinde“

Johannes Zimmermann, Greifswald

1 Einleitung

Gottes Wort kann nicht ohne Gottes Volk sein[1]. Wo Gottes Wort, das Evangelium verkündigt wird, da erweist es seine gemeindebildende Kraft. Gemeinde ist *creatura verbi*. Sie tritt als *congregatio sanctorum* sichtbar in Erscheinung, als Gemeinde, die sich im Gottesdienst und darüber hinaus versammelt. Im Gottesdienst wird die Koinonia mit Christus erfahren. Sie wirkt sich aus in der Koinonia der Christen untereinander. Beide gehören untrennbar zusammen. Das Grundgeschehen, das Kirche zur Kirche macht, zielt auf eine ihr entsprechende Sozialgestalt. Die durch Christus geschenkte und erneuerte Sozialität ist verbunden mit der Aufgabe verantwortlicher Gestaltung. Christliche Gemeinschaft ist weit mehr als der Versuch, Geselligkeitsbedürfnisse zu befriedigen! Christoph Schwöbel formuliert es so: „Koinonia ist … die Gabe der Gemeinschaft, die durch Teilhabe konstituiert wird, und darum die Aufgabe der Gestaltung von Koinonia als umfassende Lebensgemeinschaft beinhaltet“[2].

Damit ist die Aufgabe des Gemeindeaufbaus theologisch skizziert. Die Aufgabe ist mit dem Evangelium gegeben. Sie stellt sich jeder Zeit neu. Den „missionarischen Gemeindeaufbau“, dem im Folgenden unser Augenmerk gelten soll, verstehe ich als Versuch, sich dieser Aufgabe in einer bestimmten Zeit und Situation zu stellen.

Was wurde aus dem „missionarischen Gemeindeaufbau“? Glücklicherweise hat das mir gestellte Thema noch einen Untertitel: *Zwischenbilanz 25 Jahre nach „Überschaubare Gemeinde“*. Es geht also nicht um einen nostalgischen Rückblick auf eine verklärte Vergan-

---

1 *Martin Luther*, nach WA 50, 629, 34f (aus: Von den Konziliis und Kirchen, 1539).

2 *Schwöbel* 1996, 20.

genheit. Eine Zwischenbilanz umfasst Rückblick und Ausblick. Dementsprechend will ich zunächst die vergangenen 25 Jahre revue passieren lassen, um in einem weiteren Teil wichtige Fragen thematisch zu vertiefen und schließlich mit einem Fazit zu enden.

2 Was wurde aus dem „missionarischen Gemeindeaufbau"? – Ein Rückblick

2.1 Die 1980er Jahre

1979 veröffentlichte der damalige Superintendent von Herne, Fritz Schwarz, den ersten Band von „Überschaubare Gemeinde". In der mir vorgegebenen Themenstellung wurde dieses Buch als Ausgangspunkt gewählt. Ein Württemberger denkt zunächst an das Buch des späteren Württembergischen Landesbischofs Theo Sorg „Wie wird Kirche neu?" von 1977, mit dem sich Schwarz nach eigenen Worten fast identifizieren kann[3]. Doch ich will hier nicht Erstgeburtsrechte verteilen. Das Thema, die Sache, scheint in der zweiten Hälfte der 1970er Jahre des vergangenen Jahrhunderts in der Luft gelegen zu haben.
„Überschaubare Gemeinde" nannte Fritz Schwarz seine Konzeption des missionarischen Gemeindeaufbaus. Was damals im Kirchenkreis Herne passierte, zog nicht zuletzt deshalb so weite Kreise, weil sich hier Theorie und Praxis miteinander verbanden. Hier stellte nicht ein Schreibtischtheologe neue Gedankenexperimente vor, sondern ein Mann der Praxis versuchte, seine Erfahrungen theologisch zu reflektieren. Was „Überschaubare Gemeinde" bedeutet, war in vielen Gemeinden anschaulich.
Dabei forderte die spitze Feder von Fritz Schwarz zur Auseinandersetzung geradezu heraus. Dass er keineswegs nur Zustimmung erntete, ist bei Sätzen wie dem folgenden nicht verwunderlich: „Missionarischer Gemeindeaufbau muss davon ausgehen, dass Glieder der Gemeinde erst gewonnen werden müssen, weil sie durch die Taufe allein noch lange nicht Glieder der Gemeinde sind"[4]. Über fehlende Klarheit konnte sich niemand beschweren.
Spätestens fünf Jahre später, als Fritz Schwarz zusammen mit seinem Sohn Christian A. Schwarz 1984 die „Theologie des Gemeindeaufbaus. Ein Versuch" veröffentlichte, hatte das Thema auch die akademische Theologie erreicht. Vor allem Manfred Seitz und seine Schüler in Erlangen griffen das Thema auf und machten es auch innerhalb der universitären Theologie salonfähig. Auch andere, die sich

---

3 *Schwarz* 1979, 154.
4 *Schwarz* 1979, 99.

nicht mit dem „missionarischen Gemeindeaufbau" identifizierten, wandten sich dem Thema zu, so etwa Christian Möller.

Was bei aller unverkennbaren Nähe zu Herne bei den Erlangern auffiel, war der ruhigere und sachlichere Tonfall gegenüber der Kirche. Vor allem aber gelang es ihnen, die Theorie und Praxis aus Herne zu elementarisieren und in drei kybernetischen Grundentscheidungen zu verdichten. Ich verweise hier auf den Vortrag von Manfred Seitz auf dem Kirchentag in Hannover 1983[5] und die Dissertation „Missionarischer Gemeindeaufbau in der Volkskirche" von Michael Herbst 1987 (bzw. 1985).

In dieser Zeit war die „Theologie des Gemeindeaufbaus" Gegenstand heftiger und kontroverser Diskussionen. In einem 1986 von Rudolf Weth herausgegebenen Sammelband kommen unterschiedliche Stimmen zur Sprache. Grundsätzliche Fragen wurden gestellt. Darf im Gemeindeaufbau geplant und auf konkrete Ziele hin gearbeitet werden? Steckt dahinter nicht ein problematischer Machbarkeitsdünkel?

Bei aller Kritik weiß beispielsweise Christian Möller vieles zu schätzen: Den Versuch, das „konzeptionslose Herumwurschteln" zu überwinden, die Bemühung um eine Elementarisierung der biblischen Botschaft, die Kritik an einer selbstzufriedenen Volkskirchenideologie und nicht zuletzt die vielen praktischen Impulse[6].

Im Gefolge dessen wurde „Gemeindeaufbau" zum Programmwort: Von den einen begeistert aufgegriffen, von den anderen gemieden[7]. Seit den 1990er Jahren reden viele von Gemeindeentwicklung. Die Bezeichnung Gemeinde*aufbau* suggeriere den Ansatz beim Nullpunkt. Eine Begründung, bei der weiter zu diskutieren wäre.

Neben der theologischen Diskussion nenne ich als weiteren Höhepunkt der 1980er Jahre den von der AMD veranstalteten Theologenkongress „Das Haus der lebendigen Steine"[8]. Schon allein die Tatsache, dass im Frühjahr 1987 in Stuttgart über 1000 Pfarrerinnen und Pfarrer zusammenkamen, zeigt, wie groß das Interesse am Thema war.

Wenn ich hier vom „missionarischen Gemeindeaufbau" rede, dann will ich das mit einem kleinen Seitenblick auf diejenigen verbinden, die sich auch mit „Gemeinde" befassen, aber nicht „missionarisch" sein wollen. Exemplarisch verweise ich auf das Büchlein von Wolf-

---

5 Gemeindeaufbau in den achtziger Jahren, in: *Seitz* 1985, 47-56.

6 *Möller*, Lehre vom Gemeindeaufbau. Band 1, 88f.

7 Das scheint bei *Bäumler* der Fall zu sein. 1974 redet er noch unbefangen vom „Gemeindeaufbau". 1987 trägt sein Artikel im Sammelwerk „Gemeindepraxis in Grundbegriffen" die Überschrift „christliche Gemeindepraxis", die Verwendung der Begriffe „Gemeindewachstum" oder „Gemeindeaufbau" hält *Bäumler* nun für problematisch, weil sie dazu verleiten könnten, „abschließende() Ergebnisse()" mit Hilfe von Programmen erzielen zu wollen, die der „eschatologischen Spannung von bereits erfolgter Befreiung und ihrer noch ausstehenden Vollendung" nicht gerecht werden (31).

8 S. die Dokumentation bei *Adomeit / Haarbeck* 1987.

gang Lück „Praxis: Kirchengemeinde“ von 1978. Es stellt geradezu einen Gegenentwurf zum missionarischen Gemeindeaufbau dar und enthält wichtige Themen, die die Diskussion der Folgejahre bestimmten. Ich nenne drei davon:

a) Die Anwendung des konziliaren Gedankens auf die Kirchengemeinde in der Absicht, den innerkirchlichen Pluralismus zu rechtfertigen und zu gestalten. Später wurde das unter anderem von Herbert Lindner (1994) und der EKD-Studie „Christsein gestalten“ (1986) weitergeführt.

b) Den „Dienstleistungsgedanken“ bzw. die Kirchenmitgliedschaft als „Mitgliedschaft in der religiösen Versorgungsanstalt“ (29), auf die sich die Kirche einstellen müsse.

c) Die Töne gegenüber dem Ziel der Gemeindebildung sind aggressiv. Ich zitiere kommentarlos einige Sätze: „Die Tendenz geht ganz eindeutig in Richtung auf die Gemeinde als Gemeinschaft ... Die Kirchengemeinde wird zum Ortsverein mit strenger Parteidisziplin und Stabilisierung der Mitglieder untereinander. Das Gottvertrauen wird ersetzt durch das Vertrauen auf die Gemeinschaft“ (71). *Und, etwas später:* „Gegenüber der Theorie der Kirchengemeinde als ‘Gemeinde’ ist ... mit allem Nachdruck an dem Charakter der Heilsanstalt der Kirche festzuhalten“ (81). „Es muß verzichtet werden auf alle Versuche, die Wirklichkeit einem Idealbild anzupassen ... Die communio sanctorum muß als ganze eine geglaubte Größe bleiben ... Die Gemeinschaft der Christen läßt sich nicht mit irgendwelchen soziologisch definierbaren Größen identifizieren. Die Soziologisierung ekklesiologischer Erkenntnisse erzeugt lediglich gesetzlichen Druck“ (82).

Zurück zum missionarischen Gemeindeaufbau. Von den Themen, die von Vater und Sohn Schwarz eingebracht wurden, will ich drei theologisch zentrale Fragen herausgreifen:

a) Wesentlicher Streitpunkt war die Ekklesiologie. Vor allem die Verhältnisbestimmung, genauer: die Entgegensetzung von Ekklesia und Institution erntete viel Widerspruch. Ich möchte mich hier nicht in den Chor derer einreihen, die nicht zu Unrecht die „unausgereifte Ekklesiologie“[9] bemängeln, und an späterer Stelle noch auf die Ekklesiologie zu sprechen kommen.

b) Die Infragestellung der Identifikation von Kirchenmitgliedschaft und Christsein

Dass von Taufe und Kirchenmitgliedschaft nicht automatisch auf Glauben geschlossen werden kann, ist nicht neu. Wer es aber offen ausspricht, gerät schnell in den Verdacht, andere ausgrenzen und gewissermaßen das Jüngste Gericht vorwegnehmen zu wollen. Vor allem aber wird immer wieder eingewandt, das führe zu einer Zweiklassengesellschaft unter den Getauften. Bezeichnend bei Fritz und Christian

9 *Ako Haarbeck*, in: *Rudolf Weth* (Hg.) 1986, 28.

Schwarz ist nun, dass die Unterscheidung nicht in ausgrenzender Absicht erfolgt, im Gegenteil: diese Menschen sollen für ein Leben im Glauben gewonnen werden. Sie sehen in diesen Menschen „Kandidaten des ewigen Lebens" und drehen den Spieß um: wo alle als Christen vereinnahmt werden, sehen sie die Gefahr, ihnen das Evangelium vorzuenthalten.
Man kann hier auch auf die Reformatoren verweisen, die sich nicht mit einer Kirchlichkeit aus Konvention zufrieden gaben, sondern Wert legten auf die eigene Zustimmung, das eigene Verstehen, den individuell unvertretbaren Glauben.
c) Ein dritter theologischer Streitpunkt ist die Zusammengehörigkeit von Glaube und Gemeinschaft. Das birgt deshalb Sprengstoff, weil es dabei konkret um die Frage geht, ob eine Kirchlichkeit, die nur „von Fall zu Fall" aktualisiert wird, als defizitär betrachtet werden darf. Kann man da noch von „Gemeinschaft" reden? Andere wiederum entgegnen, die Freiheit des Glaubens vertrage keine zusätzlichen Bedingungen und wittern Gesetzlichkeit. Auch hier wäre auf die Reformatoren und das Neue Testament zu verweisen, für die die Zusammengehörigkeit von Glaube und Gemeinde selbstverständlich ist. Der Ruf zum Glauben und die Eingliederung in das Gottesvolk und die Teilnahme an seinen Versammlungen gehören untrennbar zusammen.
Insgesamt war „Gemeindeaufbau" eines der zentralen Themen der praktisch-theologischen Debatte der 1980er Jahre. So jedenfalls sehen es Christian Grethlein und Michael Meyer-Blanck in ihrer „Geschichte der Praktischen Theologie". Für die 1970er Jahre sehen sie Seelsorge als praktisch-theologische Leitdisziplin, für die 1990er Jahre die Liturgik, und zu den 1980er Jahren bemerken sie: „In den achtziger Jahren trat das Thema „Gemeindeaufbau" verstärkt auf die Tagesordnung ... Erst nach längerer Debatte widmeten sich auch akademisch praktisch-theologische Arbeiten dem kybernetischen Thema"[10].

2.2 Die 1990er Jahre

Deutlich unterschieden von den 1980er Jahren sind die 1990er Jahre im Hinblick auf den Gemeindeaufbau, ohne dass ich mich bei der Abgrenzung auf ein bestimmtes Datum festlegen möchte. Die neuen Entwicklungen reichen teilweise bis in die Gegenwart. Daher verzichte ich darauf, das neue Jahrtausend eigens zu thematisieren, zumal hier vieles noch im Fluss ist. Generell lässt sich sagen, dass das Interesse und die Öffentlichkeit des Themas deutlich nachließen. Das Thema „Gemeinde" wurde zunehmend Sache von Spezialisten und Insidern.

10 *Grethlein / Meyer-Blanck*, 1999, 54.

In unterschiedlichen Kreisen wurde das Thema weitergeführt, blieb aber auf diese Weise präsent.
Lag es daran, dass viele mit dem Gemeindeaufbau verbundene Erwartungen nicht in Erfüllung gingen? Waren es die deutsche Wiedervereinigung, die Situation im Osten, die Kirchenaustrittswelle zu Beginn der 1990er Jahre und die sich rapide verschlechternde finanzielle Situation der Kirchen, die die Aufmerksamkeit auf sich zogen?

2.2.1 Von der Konziliarität zum Kirchenmarketing – Das Thema „Gemeinde" in Theologie und Kirche

a) Die Akademische Theologie: Spezialisierung

An den deutschen Universitäten sind es derzeit nur wenige, die sich dem Thema Gemeinde intensiv zuwenden. Selbst bei denen, die in der Praktischen Theologie ekklesiologische Themen behandeln, kommt das Thema „Gemeinde" oft nur am Rand vor. Das ist in der „Kirchentheorie" von Reiner Preul nicht viel anders wie im „Grundriß" von Dietrich Rössler.
Während in anderen praktisch-theologischen Disziplinen ein Lehrbuch nach dem anderen erscheint, kann man beim Thema „Gemeinde" in den letzten 15 Jahren nur auf die zweibändige „Lehre vom Gemeindeaufbau" von Christian Möller und auf Eberhard Winklers „Gemeinde zwischen Volkskirche und Diaspora" verweisen. Es ist inzwischen schon fast Kennzeichen einer bestimmten Positionalität, sich in der Praktischen Theologie auf das Thema Gemeinde zu spezialisieren! Dominant hingegen sind bis heute die Ansätze beim religiösen Individuum bzw. Subjekt auf der einen und beim „neuzeitlichen Christentum" auf der anderen Seite.
Außerdem ist eine zunehmende Spezialisierung zu beobachten: In Arbeiten aus den 1990er Jahren werden soziologische Theorien wie die Systemtheorie rezipiert und auf das Gemeindethema angewandt. Breitere Resonanz finden eher noch Themen wie „Kirchenleitung" und „Gemeindeleitung" (z. B. Bernhard Petry).

b) Die Rezeption wirtschaftlicher Ansätze

Neben der finanziellen Krise war es vor allem das Evangelische München-Programm, das zu einer verstärkten Offenheit bei der Rezeption wirtschaftlicher Ansätze in der Kirche beitrug. Durchgeführt wurde es seit 1996 von der Unternehmensberatung McKinsey[11]. Seitdem arbeiten Synoden und Kirchengemeinderäte an Leitbildern, bemühen sich

11 S. *Lindner* 1997 und Das Evangelische München-Programm (eMp) 1998.

um Personalentwicklung, befassen sich mit Marketing und Gemeindeentwicklung.

Exemplarisch für die damit verbundene Veränderung verweise ich auf die beiden unter dem Titel „Kirche am Ort“ erschienen Auflagen des Buches von Herbert Lindner von 1994 und 2000. Es handelt sich um zwei völlig unterschiedliche Bücher. In der ersten Auflage steht der konziliare Gedanke im Mittelpunkt. In der zweiten Auflage hält Lindner zwar an der Konziliarität fest, aber faktisch erfordert das Entwicklungsprogramm mit Vision, Leitbild und Konzept ein so hohes Maß an Gemeinsamkeit, dass nur noch wenig Raum für den mit der Konziliarität verbundenen Pluralismus bleibt. Und Lindner bemerkt denn auch: „Die Vielfalt an sich jedoch zum Leitbild zu erheben, führt nicht weiter“[12].

Die mit dem Schlagwort „Konziliarität“ bezeichnete Gestaltung des innerkirchlichen Pluralismus wird zusehends abgelöst durch die Notwendigkeit, als Kirche und Gemeinde im gesellschaftlichen Pluralismus erkennbar zu bleiben, sich zu positionieren und Profil zu zeigen[13]. Darin spiegelt sich eine gesellschaftliche Veränderung: Konziliare Ansätze setzen mehr oder weniger Kirchenzugehörigkeit als gesellschaftlichen „Normalfall“ voraus, während die neueren Bemühungen erkennbar darum kreisen, Kirchenzugehörigkeit als solche plausibel zu machen und zu stabilisieren.

Die Rezeption wirtschaftlicher Ansätze ist breit: Sie reicht von technokratischem Denken, das wenig Raum lässt für theologische Überlegungen, bis hin zum Spirituellen Gemeindemanagement, das eine programmatische Verbindung von Spiritualität und Management anstrebt.

c) Weitere „Schauplätze“

Das Thema „Gemeinde“ findet sich auch in den Strukturdebatten der 1990er Jahre wieder. Im Unterschied zur Kirchenreformbewegung der 1960er Jahre waren diese weniger von missionarischen Idealen als vielmehr von finanziellen Zwängen geprägt, vor allem in Ostdeutschland[14].

Zu nennen sind ferner die Landeskirchlichen Ämter und Agenturen für Gemeindedienste und missionarische Dienste, zunehmend auch die kirchlichen Missionswerke, die in der Zusammenarbeit mit den Gemeinden vor Ort Projekte durchführen und Impulse weitertragen. Au-

---

12 *Lindner* 2000, 55.

13 Ähnlich äußert sich *Grethlein* zur Liturgik: Alternative Gottesdienste. eine Herausforderung für die Theologie des Gottesdienstes und des Gemeindeaufbaus, in: *Mildenberger / Ratzmann* (Hg.), 2003, 9-23, v. a. 15-18.

14 Vgl. dazu *Wolfgang Ratzmann*, Ekklesiologische Leitbilder in den Strukturreformen der ostdeutschen Landeskirchen, in: ders. / *Jürgen Ziemer* (Hg.) 2000, 30-51.

ßerdem kann man auf die Kirchensoziologie und die Kirchenmitgliedschaftsuntersuchungen verweisen.
Seit Ende der 1990er Jahre finden die Themen „Mission und Evangelisation“ verstärkte Beachtung in Theologie und Kirche – teils unabhängig vom Gemeindethema, teils in Verbindung damit. Dazu später mehr.

2.2.2 Gemeindepflanzungen und Zweitgottesdienste – evangelikale und andere Kreise

Neben der AMD und den damit verbundenen Werken und Gemeinden waren es in den 1990er Jahren vor allem pietistisch, evangelikal und charismatisch geprägte Gruppen und Gemeinden, in denen das Anliegen des missionarischen Gemeindeaufbaus weiterlebte. Hier möchte ich zwei Entwicklungen hervorheben:

a) Die neue Strukturfrage: „Parochie – und was sonst“?[15]

War die Gemeindeaufbaudiskussion der 80er Jahre fast ausschließlich bezogen auf die Erneuerung der Gemeinden in ihrer parochialen Gestalt, so wird seit den 90er Jahren verstärkt die Strukturfrage gestellt. Sie ist verbunden mit den Stichworten „Gemeindegründung“ und „Gemeindepflanzung“.
Um 1990 sorgte die Rede von „Gemeindegründungen“ für Irritationen. Das war angesichts des Kirchenaustritts von Wolfram Kopfermann 1988 verständlich. Was sollen „Gemeindegründungen“ angesichts flächendeckender parochialer Strukturen? Sollen neue Freikirchen gegründet werden? In der Tat entstanden in diesen Jahren viele freie Gemeinden vor allem charismatischer Prägung. „Neue Gemeinden braucht das Land“ wurde als Slogan ausgegeben[16]. Hier stellen sich manche Fragen: Führt der Weg derjenigen, die angetreten sind, vorhandene Formen zu erneuern, zwangsläufig hin zu neuen Strukturen und Gestalten von Gemeinde? Wie kann man das verhindern? Soll man das überhaupt verhindern?
In den Landeskirchen ging man rasch dazu über, statt von Gemeinde*gründungen* von Gemeinde*pflanzungen* zu reden. Vorbild ist die Church-Planting-Bewegung in der Church of England. Innerhalb der AMD und der Arbeitsgemeinschaft für Gemeindeaufbau (AGGA)

15 So der Titel einer Themenhefts von „Brennpunkt Gemeinde“ (März/April 1998).
16 Zur Auseinandersetzung damit s. *Punge* 1993 (bzw. das ganze Heft 4/93 von „Brennpunkt Gemeinde“).

wird versucht, das in England von höchsten kirchlichen Stellen approbierte Konzept auch in Deutschland zu rezipieren[17].
Zu diesen „Gemeindepflanzungen" kommen „Gemeinschaftsgemeinden" aus dem Bereich des Gnadauer Verbandes[18], bei denen die kirchliche Einbindung sehr unterschiedlich aussehen kann. Mehrere Verbandsleitungen und Kirchenleitungen sind bemüht, rechtliche Regelungen für ein gedeihliches Miteinander zu finden. Vor Ort freilich kann alles komplizierter sein.
Die neuen Gemeindeformen stehen in der Spannung zwischen angestrebter missionarischer Öffnung und der Gefahr, neue Nischen für bestimmte Frömmigkeitsstile zu bilden. Man kann hier fragen, ob der Versuch, dem landeskirchlichen Pluralismus zu entfliehen, nicht in vielen Fällen dazu führt, diesen faktisch um eine neue Variante zu bereichern[19]. Andererseits entspricht die damit verbundene Vielfalt der postmodernen Vielfalt von Lebensstilen und Lebensweisen; auf diese Weise werden Menschen erreicht, die durch die Maschen der herkömmlichen Gemeindearbeit fallen.

b) Zweitgottesdienste

Teils mit der neuen Strukturfrage verbunden, oft auch unabhängig davon gehört zum Gemeindeaufbau in den 1990er Jahren das Thema Zweitgottesdienste. Die „Oase" in Giengen an der Brenz, die GoSpecial-Gottesdienste in Niederhöchstadt und „Greifbar" in Greifswald sind nur drei prominente Beispiele von Hunderten von Gemeinden. Es geht um ein „zweites Programm", um Gottesdienste, die zusätzlich zum traditionellen Gottesdienst am Sonntagvormittag in regelmäßigen Abständen angeboten werden. Sie wenden sich vielfach gezielt an kirchendistanzierte Menschen. Jugendliche, Junge Erwachsene, junge Familien und die Mittlere Generation sollen angesprochen werden durch neuere Musik, kreative Elemente wie Theater und Pantomime, themenbezogene Predigten und die Beteiligung vieler Mitarbeiter. Als Vorbild wird immer wieder die Willow Creek Community Church mit ihrem Hauptpastor Bill Hybels bei Chicago genannt, die Willow-Creek-Kongresse in Deutschland finden nach wie vor großen Zulauf. Erst allmählich wird diese Entwicklung auch von der Praktischen Theologie wahrgenommen[20].

---

17 S. dazu *Hopkins* 1996.
18 S. dazu *Hempelmann* 2000 und *Morgner* 2000, v. a. 499ff.
19 Vgl. *Hempelmann* 1996, z. B. 37ff. 92ff.
20 S. *Herbst* 2000; *Mildenberger / Ratzmann* 2003.

2.2.3 Ein Blick zur Ökumene

In den 1990er Jahren gewinnt das Thema „Gemeindeaufbau“ nicht nur ökonomische, sondern auch stärkere ökumenische Dimensionen. Auf die Rezeption von Ansätzen aus dem angelsächsischen Raum habe ich bereits verwiesen. In den kirchlichen Missionswerken kommt seit einigen Jahren das Thema Gemeinde im Hinblick auf die weltweite Ökumene in den Blick, nachdem lange Zeit Fragen der Entwicklungspolitik dominierten. Exemplarisch dafür steht das „Arbeitsbuch Ökumenische Gemeindeerneuerung“ des Evangelischen Missionswerks[21].
In Deutschland wurde trotz mancher Querschläge aus Rom die ökumenische Zusammenarbeit mit der Römisch-katholischen Kirche ebenso wie mit den Freikirchen weitergeführt und ausgebaut. Gerade im der Römisch-katholischen Theologie und Kirche warten noch Impulse und Anregungen auf eine evangelische Rezeption. Ich übertreibe nicht, wenn ich sage, dass das Thema Gemeinde in der Römisch-katholischen Theologie und Kirche seit einiger Zeit eine gewichtigere Rolle spielt als auf evangelischer Seite.

3 Mission, Ekklesiologie und Empirie – Grundfragen des Gemeindeaufbaus

3.1 Ekklesiologie und Mission

Auf der EKD-Synode in Leipzig 1999 sprach Eberhard Jüngel von einer „ekklesiologischen Lücke“ in der reformatorischen Bekenntnisbildung[22]. Er meinte damit, dass dort nirgends explizit davon die Rede ist, dass die Kirche den Auftrag hat, über sich selbst hinauszugehen, den Auftrag zu Mission und Evangelisation. Gleichwohl, so würde ich ergänzen, liegt dieser Auftrag ganz im Gefälle der reformatorischen Theologie. Erst die Barmer theologische Erklärung schließt diese Lücke: Die Kirche hat den Auftrag: *„die Botschaft von der freien Gnade Gottes auszurichten an alles Volk“ (Barmen VI).*
Schon vor der neueren Diskussion um Mission und Evangelisation machten sich Vertreter des missionarischen Gemeindeaufbaus für die Verbindung von „Mission“ und „Gemeinde“ stark. Darin sehe ich eines ihrer wichtigen Verdienste. Diese Verbindung hat eine hohe theologische Relevanz:

---

21 Evangelisches Missionswerk in Deutschland (Hg.), ^{2}2000.
22 *Jüngel* 1999, 1-3. – Vgl. dazu *Hennig* 2001, 322f.: „Was wir die ‘missionarische Dimension’ der Kirche nennen, ging in die Bekenntnisbildung der lutherischen Kirchen und in das Bewusstsein ihrer Pfarrer nicht ein“.

a) Für die „Mission" ist die ekklesiologische Verankerung unverzichtbar. Sie kann dazu beitragen, sowohl politische als auch individualistische Engführungen zu vermeiden. Gemeinde ist Trägerin der Mission, Mission ihrerseits zielt nicht nur auf Bekehrung einzelner oder auf Veränderung von Strukturen, sondern immer auch auf Gemeindeaufbau.
b) Umgekehrt hat der Gemeindeaufbau missiologische Impulse nötig, damit die Frage nach dem Auftrag von Gemeinde präsent bleibt.
Darüber hinaus gilt es, das Missionsthema umfassend für die Praktische Theologie wiederzugewinnen – ein Anliegen, für das sich jüngst Christian Grethlein stark gemacht hat[23]. Ich möchte das am Beispiel der Inkulturation verdeutlichen. In der Weltmission steht die Notwendigkeit der Inkulturation des christlichen Glaubens außer Frage. In der Praktischen Theologie war diese Aufgabe lange Zeit aus dem Blick geraten. Das Christentum und die aus ihm hervorgegangenen kulturellen Formen wurden häufig mehr oder weniger gleichgesetzt. Erst in jüngerer Zeit findet die Herausforderung der Inkulturation und zugleich der Konterkulturation des Evangeliums in gegenwärtige Lebens- und Erlebenswelten zunehmend Beachtung. Das betrifft die Gestalt von Gemeinde, die Gestaltung der Gottesdienste und vieles andere mehr.

3.2 „Die Kirche ist kein Selbstzweck"[24] – zum funktionalen Verständnis von Gemeinde

„Kirche ist nur Kirche, wenn sie für andere da ist"[25]. Ausgehend von diesem Bonhoeffer-Zitat wird seit der ökumenischen Diskussion um die Strukturen missionarischer Gemeinden in den 1960er Jahren vielfach betont, die Kirche dürfe kein Selbstzweck sein. Sie müsse auf das sie übersteigende Ziel des Reiches Gottes hingeordnet werden. Die Kirche sei nicht Ziel, sondern Instrument der *Missio Dei.* Das Anliegen war klar: Die Kirche darf nicht sich selbst genug sein, sie muss fragen, war ihr Auftrag, ihre Sendung, ihre Mission ist. Daran muss sie sich messen lassen.
Dieser Ansatz hat sein gutes Recht, bringt aber auch Einseitigkeiten mit sich. Ich möchte dazu wieder auf Fritz und Christian Schwarz zurückkommen. So problematisch ihre Verhältnisbestimmung von Ekklesia und Institution war, die Unterscheidung an sich führt an einer wichtigen Stelle weiter. Sie führt dadurch weiter, dass nun präzisiert

---

23 *Grethlein* 2001.
24 Exemplarisch für vergleichbare Äußerungen: Das Evangelium unter die Leute bringen, 17.
25 *Bonhoeffer*, DBW 8, 560; s. dazu und zum Programm „Kirche für andere" *Mayer* 2001.

werden kann, inwiefern Kirche „funktional“ zu betrachten ist: An die Kirche als Institution und an ihre organisatorische Gestalt sind funktionale Kriterien anzuwenden. Sie sind daraufhin zu befragen, ob sie dem Auftrag der Gemeinde dienlich sind.
Die Kirche als Ekklesia, als sich dem Wort Gottes verdankende Gemeinschaft hingegen besitzt einen „*relativen* Eigen-Wert“[26]. „Gemeinde“ ist daher nicht nur Instrument, sondern auch Ziel des Handelns Gottes. Gott will seine Herrschaft ausbreiten, indem er sein Volk aus allen Völkern sammelt. Wo dies geschieht, ist Gottes Herrschaft bereits Gegenwart. Sicher in einer fragmentarischen Gestalt, die über sich hinaus weist auf die vollendete Gottesherrschaft. Gleichwohl ist die Gemeinde der Raum, in dem *jetzt schon* Gottes Name geheiligt wird und sein Wille geschieht. Nimmt man das zusammen, so kann zwischen „Selbstzwecklichkeit und Funktionalität der Kirche kein wirklicher Gegensatz bestehen“[27].

3.3 Die Frage nach der „pastoralen Strategie“

In den 1980er Jahren wurde von der VELKD die sog. „Missionarische Doppelstrategie“ entwickelt. Betont wurde die Zusammengehörigkeit öffnender und verdichtender Formen von Gemeindearbeit[28]. Ob man diese Strategie als solche schon „missionarisch“ nennen kann, lasse ich hier offen. Die beiden Grundrichtungen jedenfalls umschreiben ein Spannungsfeld, in dem sich auch der missionarische Gemeindeaufbau seit seinen Anfängen positionieren muss.
Von Ausnahmen abgesehen, ist dabei ein doppelter Konsens erkennbar: 1. Die Spannung soll ausgehalten und nicht einseitig aufgelöst werden und 2. Dem Aspekt der „Gemeindebildung“ bzw. den „verdichtenden Formen“ kommt ein relativer Primat zu.
Vergleichbare Voten gibt es auf römisch-katholischer Seite. Medard Kehl[29] von der Hochschule St. Georgen bei Frankfurt fragt nach einer „pastoralen Strategie für Deutschland“. Dabei unterscheidet er zwischen einer „Pastoral mit Breitenwirkung“ und einer „Pastoral der Dichte bzw. Intensität“. Er will beide Grundimpulse miteinander vernetzen. Zugleich plädiert er dafür, gegenwärtig den Hauptakzent auf die „Pastoral der Dichte bzw. Intensität“ zu verlagern, „allerdings nur

26 *Kühn* 1980, 156+157. – Vgl. *Herms* 1995, 43, und *von Soosten* 1992, 83, die im Kontext der Interpretation der Ekklesiologie Bonhoeffers vom „Selbstzweck“ der Kirche sprechen.
27 *Zeindler* 2001, 212; auch Bonhoeffer bezeichnet mehrfach „Gemeinde als Werkzeug und Selbstzweck zugleich“ (*Bonhoeffer* 1986, 147.181.184; bzw. 170: „Zielpunkt und Werkzeug Gottes zugleich“).
28 *Lorenz / Reller* 1985.
29 *Kehl* (2003).

im offenen und weiten Horizont" der „Pastoral mit Breitenwirkung". Letztere soll in hoher Qualität weitergeführt werden.
Bei dieser Unterscheidung handelt es sich um eine aussagekräftige, aber auch idealtypische Unterscheidung. Es ist damit zu rechnen, dass die Zuordnung der einzelnen Bereiche pastoraler Arbeit zu den einzelnen Grundimpulsen hier im Osten anders aussieht als im Westen.
Insgesamt geht es derzeit darum, den relativen Primat der „Pastoral der Dichte bzw. Intensität" so mit der „Pastoral mit Breitenwirkung" zu vernetzen, dass sie nicht zwei voneinander getrennte Welten bilden, sondern dass möglichst viele Brücken und Übergänge entstehen.
Ich möchte Gründe für diese Option, vor allem für die Prioritätensetzung nennen:
a) *Theologisch* spricht dafür der Ansatzpunkt des Gemeindeaufbaus, wie ich ihn eingangs skizziert habe. Von „Gemeinde" kann man erst dann reden, wenn damit Formen gemeinsamen Lebens verbunden sind, in denen die Gemeinschaft des Glaubens Gestalt gewinnt. Eine religiöse Versorgungsanstalt ist noch keine Gemeinde!
b) Die „Pastoral mit Breitenwirkung" setzt mehr oder weniger eine volkskirchliche Situation voraus. Sie lebt von einem Umfeld, in dem Kirchenmitgliedschaft noch weithin selbstverständlich ist. Gerade das aber ist in der gegenwärtigen Situation immer weniger gegeben. Eberhard Winkler formuliert seine Erfahrungen so: „Kasualien und Religionsunterricht werden auf die Dauer nicht ausreichen, die 'Christen in Halbdistanz' in der Kirche zu halten. Wir haben in der DDR erlebt, wie schnell eine Kasualkirche zusammenbrechen kann"[30].
c) Sowohl im Hinblick auf die Vergewisserung nach innen als auch für die Identifizierbarkeit nach außen sind Gemeinden mit einem klaren Profil nötig. Gemeinden mit Ausstrahlungskraft, die so ihrer Berufung entsprechen, Salz der Erde und Licht der Welt zu sein.
Ein neuralgischer Punkt bei der ganzen Frage ist die Person des Pfarrers bzw. der Pfarrerin. Hier liegt auch eine der großen und noch nicht befriedigend gelösten Herausforderungen für den Gemeindeaufbau. Das Problem besteht darin, dass sich die Erwartungen und Vorgaben für den Dienst der Pfarrerinnen und Pfarrer an der „Pastoral mit Breitenwirkung", konkret: am volkskirchlichen Betreuungsmodell orientieren. Die Zahl der zu „versorgenden" Gemeindeglieder, Gottesdienste, Kasualien und Besuche, Unterricht und Verwaltung – alles das sind die verpflichtend vorgegebenen Aufgaben. Wesentliche Elemente einer „Pastoral der Dichte und Intensität" hingegen werden von vielen als Kür betrachtet: Als etwas, das man machen kann oder auch nicht, ohne dass es über das Grummeln einiger unzufriedener Gemeindeglieder hinaus ernsthafte Konsequenzen hätte.

30 *Winkler* 1995, 34.

Hier müsste auf allen Ebenen weitergedacht und -gearbeitet werden. Sonst besteht die Gefahr, dass Gemeindeaufbau nur dort stattfindet, wo es Pfarrerinnen und Pfarrern von ihrer Veranlagung und Begabung her gelingt, „Volkskirche“ und Gemeindeaufbau in ihrer Person miteinander zu verbinden und zu integrieren.

3.4 Partnerwissenschaften des Gemeindeaufbaus

Durch den Einbezug von Partnerwissenschaften vor allem aus dem Bereich der Human- und Sozialwissenschaften hat in den vergangenen 25 Jahren im Gemeindeaufbau vieles geändert. Am Beginn stand die Rezeption von Ergebnissen aus der Kirchenmitgliedschaftsforschung. Später kamen die bereits genannten Anleihen aus den Wirtschaftswissenschaften dazu.

Wichtig ist außerdem der Einbezug soziologischer Theoriebildung und Methoden. Diese legen sich schon dadurch nahe, dass es beim Thema Gemeindeaufbau um Sozialität und ihre Gestaltung geht. Das erfolgt in verschiedenen Bereichen:

a) Die Frage nach Problemen religiöser Vergemeinschaftung in der Moderne (Kunz-Herzog 1997)

b) Systemische und systemtheoretische Betrachtung von Kirchengemeinden bis hin zu organisationssoziologischen Fragestellungen (Lindner 1994+2000, Roosen 1997).

c) Der weite Bereich der Kirchenmitgliedschaftsuntersuchungen, der Religions-, Pastoral- und Kirchensoziologie. Hier ist in neuester Zeit eine beachtenswerte Veränderung wahrzunehmen: Lange Zeit lag der Schwerpunkt der Kirchenmitgliedschaftsuntersuchungen bei den sog. Distanzierten und dem Versuch, ihr Verhalten zu verstehen und meist auch zu würdigen. Neuerdings sind auch andere Töne zu hören, die ich vor allem mit dem Namen Detlef Pollack verbinde. In der vierten Kirchenmitgliedschaftsuntersuchung „Weltsichten – Kirchenbindung – Lebensstile“ (2003) wird eine Kontroverse inszeniert. Pollack schreibt dort: „Die Frage, die sich angesichts der beobachtbaren Abwärtstendenzen stellt, lautet jedoch, wie die Kirche in Zukunft ihre Aufgaben erfüllen will, wenn sich ihre Mitglieder nur so wenig in ihr engagieren, wenn ihre Aktivitäten nur von relativ wenigen getragen und unterstützt werden. Besteht nicht die Gefahr, dass die Kirche sich kräftemäßig, personell und finanziell verbraucht, ohne dass sie aus ihrem eigenen Mitgliederbestand die nötige Energiezufuhr erhält, die sie benötigt, um die vielen von ihr erwarteten Leistungen zu erbringen?"[31].

d) Eine weitere soziologische Fragestellung, die m. E. bisher auf evangelischer Seite nur unzureichend beachtet wurde, ist die Frage nach sozialen Prozessen und Umfeldern, die für den Glauben des einzelnen förderlich sind. Was trägt dazu bei, dass Glaube „diasporafähig" wird, in einer anders geprägten Umgebung stabil bleibt und sich nicht zurückzieht? Es genügt nicht, den Traditionsabbruch und den Ausfall religiöser Sozialisation in Familien zu beklagen! Die Herausforderung besteht in einer bewussten und verantwortlichen Gestaltung von „Gemeinde" als einer „Plausibilitätsstruktur" (Peter L. Berger) des christlichen Glaubens[32]. Anregungen dazu finden sich bei katholischen Soziologen und Theologen wie Franz-Xaver Kaufmann (1979) und Paul Michael Zulehner (^{3}1995).

e) Abschließend nenne ich noch ein damit verwandtes Thema: Über den Rückgang der Kirchlichkeit und ihre Ursachen wissen wir mittlerweile vieles. Ich möchte die Fragestellung umdrehen: Was trägt dazu bei, dass Gemeinden vital sind und auf ihre Umgebung ausstrahlen? Hier liegt ein noch weitgehend unbeackertes Feld für empirische Forschung[33].

3.5 Theologische Weiterarbeit

Mindestens ebenso wichtig wie die genannten Partnerwissenschaften sind die anderen theologischen Disziplinen. Ohne die Soziologie gering achten zu wollen: Den Zusammenhang von Evangelium und Gemeinde, die „prinzipielle Gemeindlichkeit"[34] des christlichen Glaubens (P. Zulehner) kann sie uns nicht lehren. Wenn Gemeindeaufbau eine Aufgabe ist, die mit dem Evangelium gegeben ist, dann ist hier die Exegese ebenso in der Pflicht wie die Kirchengeschichte und die Systematische Theologie – ganz zu schweigen von der Praktischen Theologie. Theologische Grundlagenforschung ist in allen Bereichen gefragt!

Ich habe anklingen lassen, dass an ganz unterschiedlichen Stellen theologische Arbeit zum Thema „Gemeinde" erfolgt. Hier wäre eine stärkere Vernetzung wünschenswert, nicht zuletzt unter Einbezug internationaler und ökumenischer Erfahrungen. Darin sehe ich auch eine

---

31 *Detlef Pollack*, Wandel im Stillstand. Eine traditionale Institution wandelt sich und bleibt doch dieselbe, in: Weltsichten – Kirchenbindung – Lebensstile, 71-75 (74).

32 S. *Berger / Luckmann* 1969, v. a. 165-170; *Berger* 1973, v. a. 45-51.

33 Eines der (eher seltenen) Beispiele dafür: *Hartmann / Pollack* 1998.

34 Vgl. *Zulehner* 1989, 69.

wichtige Aufgabe für das Institut zur Erforschung von Evangelisation und Gemeindeentwicklung.
Zu einer weiteren Hoffnung, die ich mit dem Institut verbinde, rekurriere ich nochmals auf Fritz Schwarz. 1979 schrieb er zu den damals schon praktizierten und auch damals schon beargwöhnten Reisen nach Nordamerika: „Wir würden ja auch heute noch gerne ein Kontaktstudium an unseren Fakultäten absolvieren, wenn uns dort jemand etwas über Gemeindeaufbau sagen könnte. Warum ist da aber nichts auf dem Markt?“[35].
Nun ist es keineswegs so, dass sich in der Zwischenzeit nichts getan hätte. Leider ist es aber immer noch eher die Ausnahme als die Regel, dass Gemeindeaufbau in Deutschland Thema der universitären Theologie ist. Auch hier hoffe ich, dass das Institut dazu beiträgt, dass die damit verbundenen Themen verstärkt Beachtung finden.

4 Fazit: Was wurde aus dem missionarischen Gemeindeaufbau?

Zu einer Bilanz gehört zunächst das Eingeständnis, dass viele mit dem missionarischen Gemeindeaufbau verbundene Erwartungen nicht in Erfüllung gegangen sind. Manche Erwartungen waren zu utopisch, manche unterschätzten in ihrem Reformeifer die Beharrungskräfte vorhandener Strukturen und Mentalitäten. Auch eine übertriebene Methodengläubigkeit war und ist zu finden.
Gleichwohl hat sich in den vergangen 25 Jahren vieles bewegt und verändert. Sicher kann man nicht alles auf dem Konto des missionarischen Gemeindeaufbaus verbuchen, aber er hat wichtige Impulse dabei gegeben:

- Im Umgang mit Ehrenamtlichen ist eine neue Kultur der Wertschätzung am Entstehen. In vielen Gemeinden ist eine gabenorientierte Mitarbeiterschaft inzwischen selbstverständlich.
- Viele Gemeinden sehen es als Auftrag der Gemeinde als ganzer, Menschen zum Glauben zu führen und in der Gemeinde Heimat zu geben. Das findet in der alltäglichen Gemeindearbeit wie in Projekten statt. Erwähnen möchte ich vor allem neue Gottesdienstformen und Glaubenskurse.
- Auch das zielgerichtete Arbeiten im Gemeindeaufbau ist für viele Gemeinden inzwischen zur guten Gewohnheit geworden, sei es als Gemeindeentwicklung oder als Leitbildprozess.

Das alles sind nicht nur Einzelfälle. Vor kurzem haben wir im Institut eine Umfrage unter Gemeinden der evangelischen Kirche im Rhein-

35 *Schwarz* 1979, 137.

land ausgewertet[36]. Die Gemeinden sollten sich zu Mission und Evangelisation in ihren Gemeinden äußern. Knapp ein Viertel der Gemeinden hat sich daran beteiligt, und ich war positiv überrascht, was da alles in den letzten Jahren gewachsen ist und wie groß die Bereitschaft ist, hier weiterzumachen und -zudenken.

„Missionarischer Gemeindeaufbau" steht zunächst für eine Bewegung mit einem profilierten theologischen Anliegen und einer bunten Vielfalt von Konzeptionen. Ich habe versucht, die vergangenen 25 Jahre zu skizzieren und einige Themen zu vertiefen. Ich selbst sehe im „missionarischen Gemeindeaufbau" einen bemerkenswerten und wegweisenden Versuch, dem Auftrag der Gemeinde Jesu in einer bestimmten Situation zu entsprechen.

Zeiten ändern sich. Pastorale Strategien notwendigerweise auch. Die Aufgabe bleibt, sie stellt sich jeder Zeit neu. Die Aufgabe, der Gemeinde Jesu Christi eine irdische Gestalt zu geben. Eine Sozialgestalt, die dem Grundgeschehen, das Gemeinde zur Gemeinde macht, in einer situationsadäquaten Weise entspricht und ihrem Auftrag dienlich ist. Wo die Gemeinde Jesu Christi ihrem Auftrag treu bleibt, bleibt sie in allem Wandel der Zeiten und Formen *ecclesia semper mansura,* ihr gelten ihr in guten wie in schwierigen Zeiten die Zusagen des erhöhten Herrn.

5 Literatur

Evangelische Kirche im Rheinland (Hg.) Auf Sendung. Mission und Evangelisation in unserer Kirche, Düsseldorf 2002 *(s. www.aufsendung.info).*

Adomeit, Ernst / Haarbeck, Ako: Gemeinde bauen in der Volkskirche. Dokumentation, Neukirchen-Vluyn 1987.

Bäumler, Christoph: Gemeindeaufbau, in: Praktische Theologie heute, hg. von Ferdinand Klostermann und Rolf Zerfaß, München/Mainz 1974, 417-429.

Bäumler, Christoph: Christliche Gemeindepraxis, in: ders. / Jürgen Mette (Hg.), Gemeindepraxis in Grundbegriffen. Ökumenische Orientierungen, Düsseldorf/München 1987, 1-38.

Berger, Peter L.: Zur Dialektik von Religion und Gesellschaft. Elemente einer soziologischen Theorie, Frankfurt 1973 *(orig.: The Sacred Canopy. Elements of a Sociological Theory of Religion, Garden City, N.Y. 1967).*

Berger, Peter L. / Luckmann, Thomas: Die gesellschaftliche Konstruktion der Wirklichkeit. Eine Theorie der Wissenssoziologie, Frankfurt 1969, [18]2001 *(orig: The Social Construction of Reality, Garden City / New York 1966).*

Bonhoeffer, Dietrich: Sanctorum Communio. Eine dogmatische Untersuchung zur Soziologie der Kirche, hg. von Joachim von Soosten, DBW 1, München 1986.

---

36 S. Evangelische Kirche im Rheinland (Hg.), 2002 (dazu im Internet: www.aufsendung.info; 28.04.2004).

Bonhoeffer, Dietrich: Widerstand und Ergebung. Briefe und Aufzeichnungen aus der Haft, DBW 8, Gütersloh 1998.

Das Evangelische Münchenprogramm (eMp). Evangelisch-Lutherische Kirche in Bayern, Dekanat München, Überarbeitete Fassung zum Stand der Umsetzung im Juli 1998, basierend auf der Zusammenfassung der Ergebnisse vom 22. Juli 1996 *(s. www.epv.de/emp).*

Das Evangelium unter die Leute bringen. Zum missionarischen Dienst der Kirche in unserem Land, EKD-Texte Nr. 68, Hannover 2000.

Evangelisches Missionswerk in Deutschland (Hg.), Arbeitsbuch Ökumenische Gemeindeerneuerung. Bausteine zur Gemeindeentwicklung in ökumenischer Weite, Weltmission heute Nr. 34, Hamburg ^{2}2000.

Grethlein, Christian / Meyer-Blanck, Michael: Geschichte der Praktischen Theologie im Überblick, in: dies. (Hg.), Geschichte der Praktischen Theologie. Dargestellt anhand ihrer Klassiker, Leipzig 1999, 1-65.

Grethlein, Christian: Praktische Theologie und Mission, EvTh 61 (2001), 387-399.

Hartmann, Klaus / Pollack, Detlef: Gegen den Strom. Kircheneintritte in Ostdeutschland nach der Wende, Opladen 1998.

Hempelmann, Heinzpeter: Gemeindegründung. Perspektive für eine Kirche von morgen?, Gießen / Basel 1996.

Hempelmann, Heinzpeter (Hg.), Zukunft gewinnen. Gemeinschaftsgemeinden und Evangelische Kirche. Impulse zur Gemeindestruktur-Diskussion, Bad Liebenzell 2000;

Hennig, Gerhard: Matthäus 28,16-20 aus der Sicht der Praktischen Theologie. Beobachtungen und Überlegungen, ThBeitr 32 (2001), 317-326.

Herbst, Michael: Missionarischer Gemeindeaufbau in der Volkskirche, Stuttgart 1987, ^{4}1996.

Herbst, Michael: Neue Gottesdienste braucht das Land, BThZ 17 (2000), 155-176.

Herms, Eilert: Kirche für die Welt. Lage und Aufgabe der evangelischen Kirchen in Deutschland, Tübingen 1995.

Hopkins, Bob: Gemeinde pflanzen. Church Planting als missionarisches Konzept, Neukirchen-Vluyn 1996.

Jüngel, Eberhard: Referat zur Einführung in das Schwerpunktthema, in: Reden von Gott in der Welt. Der missionarische Auftrag der Kirche an der Schwelle zum 3. Jahrtausend, epd-Dokumentation 49/1999, 1-12,

Kaufmann, Franz-Xaver: Kirche begreifen. Analysen und Thesen zur gesellschaftlichen Verfassung des Christentums, Freiburg u. a. 1979.

Kehl, Medard: Welche „pastorale Strategie" braucht die deutsche Kirche heute?, Thesenpapier zu einem am 19.11.2003 in Tübingen gehaltenen Vortrag *(unveröffentlicht, der vollständige Text ist zu finden unter:* http://www.st-georgen.uni-frankfurt.de/leseraum/ kehl7.pdf *(19. 2. 2004).*

Kirchenamt der EKD (Hg.), Christsein gestalten. Eine Studie zum Weg der Kirche, Gütersloh 1986

Knoblauch, Jörg / Eickhoff, Klaus / Aschoff, Friedrich (Hg.): Gemeinde gründen in der Volkskirche – Modelle der Hoffnung, Moers 1992.

Kühn, Ulrich: Kirche, HST 10, Gütersloh 1980.

Kunz-Herzog, Ralf: Theorie des Gemeindeaufbaus. Ekklesiologische, soziologische, und frömmigkeitstheoretische Aspekte, Zürich 1997.

Lindner, Herbert, Spiritualität und Modernität. Das Evangelische München-Programm, PTh 86 (1997), 244-264.

Lindner, Herbert: Kirche am Ort. Eine Gemeindetheorie, Stuttgart u. a. 1994.

Lindner, Herbert: Kirche am Ort. Ein Entwicklungsprogramm für Ortsgemeinden, Völlig überarbeitete Neuausgabe, Stuttgart u. a. 2000.

Lorenz, Karin / Reller, Horst: Alternative: Glauben. Missionarische Arbeitsformen in der Volkskirche heute, Gütersloh 1985.

Lück, Wolfgang: Praxis: Kirchengemeinde, Stuttgart u. a. 1978.

Mayer, Rainer: Kirche als „Selbstzweck“ oder „Kirche für andere“? Ekklesiologie, Kirchenreform und Ökumene, ThBeitr 32 (2001), 90-99.

Mildenberger, Irene / Ratzmann, Wolfgang (Hg.), Jenseits der Agende. Reflexion und Dokumentation alternativer Gottesdienste, Leipzig 2003.

Möller, Christian: Lehre vom Gemeindeaufbau. Band 1: Konzepte – Programme – Wege, Göttingen 1987; [3]1991; Band 2: Durchblicke – Einblicke – Ausblicke, Göttingen 1990.

Morgner, Christoph: Geistliche Leitung als theologische Aufgabe. Kirche – Pietismus – Gemeinschaftsbewegung, Stuttgart 2000.

Parochie – und was sonst? Themenheft: „Brennpunkt Gemeinde“ (März/April 1998).

Petry, Bernhard: Leiten in der Ortsgemeinde. Allgemeines Priestertum und kirchliches Amt- Bausteine einer Theologie der Zusammenarbeit, Gütersloh 2001.

Preul, Reiner: Kirchentheorie. Wesen, Gestalt und Funktionen der Evangelischen Kirche, Berlin/New York 1997.

Punge, Horst: Neue Gemeinden braucht das Land?, Brennpunkt Gemeinde 4/1993, 147-151.

Ratzmann, Wolfgang / Ziemer, Jürgen (Hg.), Kirche unter Veränderungsdruck. Wahrnehmungen und Perspektiven, Leipzig 2000.

Ratzmann, Wolfgang: Missionarische Gemeinde. Ökumenische Impulse für Strukturreformen, Berlin (Ost) 1981.

Roosen, Rudolf: Die Kirchengemeinde - Sozialsystem im Wandel. Analysen und Anregungen für die Reform der evangelischen Gemeindearbeit, Berlin/New York 1997.

Rössler, Dietrich: Grundriß der Praktischen Theologie, Berlin/New York 1986, [2]1994.

Schwarz, Fritz: Überschaubare Gemeinde. Band 1: Grundlegendes. Ein persönliches Wort an Leute in der Kirche, Herne 1979, Gladbeck [3]1982.

Schwarz, Fritz / Sudbrack Rainer: Überschaubare Gemeinde. Band 2: Die Praxis. Für Leute in der Kirche, die anpacken wollen, Gladbeck 1980.

Schwarz, Fritz / Schwarz, Christian A.: Überschaubare Gemeinde, Band 3: Programm des neuen Lebensstils. Für Leute, denen Jesus konkurrenzlos wichtig ist, Gladbeck 1982.

Schwarz, Fritz / Schwarz, Christian A.: Theologie des Gemeindeaufbaus. Ein Versuch, Neukirchen-Vluyn 1984.

Schwöbel, Christoph: Kirche als Communio, MJTh VIII (1996), 11-46.

Seitz, Manfred: Erneuerung der Gemeinde. Gemeindeaufbau und Spiritualität, Göttingen 1985.

Soosten, Joachim von: Die Sozialität der Kirche. Theologie und Theorie der Kirche in Dietrich Bonhoeffers „Sanctorum Communio“, München 1992.

Sorg, Theo: Wie wird Kirche neu? Ermutigung zur missionarischen Gemeinde, Wuppertal 1977.

Kirche – Horizont und Lebensrahmen. Weltsichten – Kirchenbindung – Lebensstile. Vierte EKD-Erhebung über Kirchenmitgliedschaft, hg. vom Kirchenamt der EKD, Hannover 2003.

Weth, Rudolf (Hg.): Diskussion zur Theologie des Gemeindeaufbaus, Neukirchen Vluyn 1986.

Winkler, Eberhard: Tore zum Leben. Taufe - Konfirmation - Trauung - Bestattung, Neukirchen-Vluyn 1995.

Winkler, Eberhard, Kirche zwischen Volkskirche und Diaspora. Eine Einführung in die praktisch-theologische Kybernetik, Neukirchen-Vluyn 1998.

Zeindler, Matthias: Gotteserfahrung in der christlichen Gemeinde. Eine systematisch-theologische Untersuchung, Stuttgart u. a. 2001.

Zulehner, Paul M.: Pastoraltheologie Bd. 2: Gemeindepastoral, Düsseldorf 1989; ^{3}1995.

3 Sich umschauen, um Räume der Mission zu entdecken ...

3.1 Mission in atheisierender Kultur

Paul M. Zulehner, Wien

„Gott nach dem Kommunismus"

1997/98 war in zehn postkommunistischen Ländern die internationale Studie „Aufbruch" durchgeführt worden. Organisiert hat sie das Pastorale Forum in Wien, ein Verein zur Förderung der Kirchen in Ost(Mittel)Europa, dessen Ehrenschutz der Wiener Alterzbischof Kardinal Franz König (†2004) innehatte. Federführend für den qualitativen Studienteil war András Máté-Tóth aus Szeged, für den quantitativen Miklós Tomka aus Budapest. Die Ergebnisse der Studie sind in der Reihe des Schwabenverlags „Gott nach dem Kommunismus" erschienen.[1]
In dieser Flächenstudie war es möglich, statistisch einen Index für Atheismus zu errechnen. Dazu wurden drei Fragen herangezogen, die jeweils die Antwort „ich glaube nicht an Gott" zuließen:

1 *Miklós Tomka / Paul M. Zulehner*, Religion in den Reformländern Ost(Mittel)Europas, Gott nach dem Kommunismus 1, Ostfildern 1999. – *Miklós Tomka / Paul M. Zulehner*, Religion im soziokulturellen Kontext Ost(Mittel)Europas, Gott nach dem Kommunismus 2, Ostfildern 2000. – *Miklós Tomka / Ausra Maslauskaite / Andrius Navickas / Niko Toš / Vinko Potocnik*, Zur Lage von Religion und Kirche. Ungarn, Litauen, Slowenien, Gott nach dem Kommunismus 3, Ostfildern 2000. – *Libor Prudký / Pero Aračić / Krunoslav Nikodem / Franjo Šanjek / Witold Zdaniewicz / Miklós Tomka*, Zur Lage von Religion und Kirche. Tschechien, Kroatien, Polen, Gott nach dem Kommunismus 4, Ostfildern 2001. – *András Máté Tóth / Pavel Mikluščák*, Nicht wie Milch und Honig. Unterwegs zu einer Pastoraltheologie Ost(Mittel)Europas, Gott nach dem Kommunismus 9, Ostfildern 2000. – *András Máté Tóth / Pavel Mikluščák*, Kirche im Aufbruch. Zur pastoralen Entwicklung Ost(Mittel)Europas, Gott nach dem Kommunismus 6, Ostfildern 2001. – Siehe auch http://www.pastoral.univie.ac.at (AfkS-Shop).

- „Wie nahe fühlen Sie sich Gott?“
- „Welche der folgenden Aussagen beschreibt am besten ihre eigene Auffassung?“
- „Bitte sagen Sie mir, an welche der folgenden Aussagen Sie glauben und an welche nicht?“ (Eine Antwortmöglichkeit war „ich glaube an Gott“.)

Gestufter Atheismus

Aus der Kombination dieser drei Fragen ergaben sich vier Gruppen von Personen:
- gottgläubige Menschen (keinmal)
- atheisierende Menschen (einmal)
- atheistische Menschen (zweimal)
- vollatheistische Menschen (dreimal=durchgängig)

Schon dieser erste Befund zeigt, dass der Atheismus in gestufter Intensität vorhanden ist. Er scheint eine unterschiedlich starke Überzeugungsenergie zu besitzen.

Sehr verschiedene ist die Verteilung dieser unterschiedlichen Arten von Atheisten in Ost(Mittel)Europa.

ABBILDUNG 1: Verteilung der unterschiedlichen Arten von Atheismus in Ost(Mittel)Europa

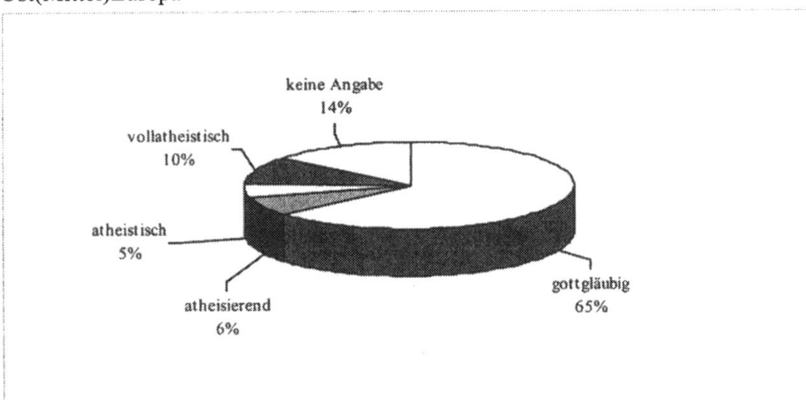

Quelle: Aufbruch 1998

Krasse Unterschiede in der Verteilung finden sich zwischen den Ländern.

ABBILDUNG 2: Atheisten in den postkommunistischen Ländern

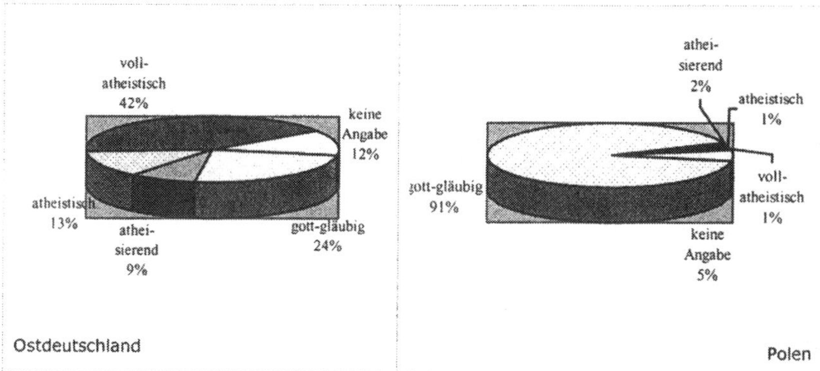

Quelle: Aufbruch 1998

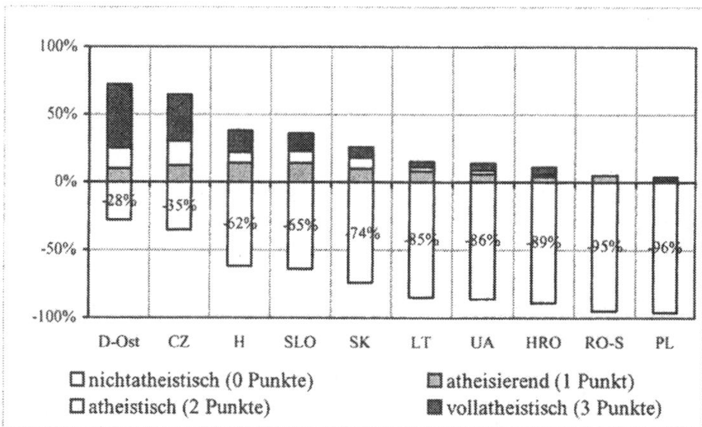

Quelle: Aufbruch 1998

Atheisten in den Konfessionen

Verschieden stark sind auch die Anteile der unterschiedlichen atheistischen Gruppen in den einzelnen Konfessionen. Die meisten finden sich unter den Protestanten.

ABBILDUNG 3: Anteil von Atheisten verschiedener Stärke in den christlichen Konfessionen

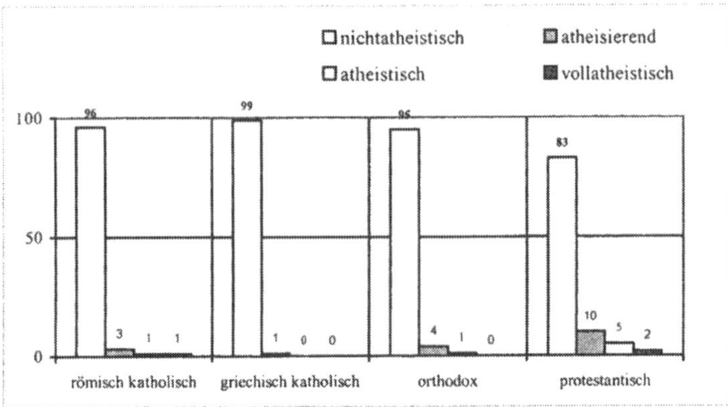

Quelle: Aufbruch 1998

Atheisten und der Tod

Typisch für Atheisten (und in der Umkehrung für religiöse Menschen) ist neben ihrer Einstellung zu Gott jene zum Tod. Konsequenterweise steigt mit der Intensität des Atheismus die Ansicht, dass es Leben nur auf dieser Erde und daher kein wie immer geartete Leben nach dem Tod gibt. Atheisten sind Sterbliche, Religiöse hingegen tendieren zur Unsterblichkeit.

ABBILDUNG 4:

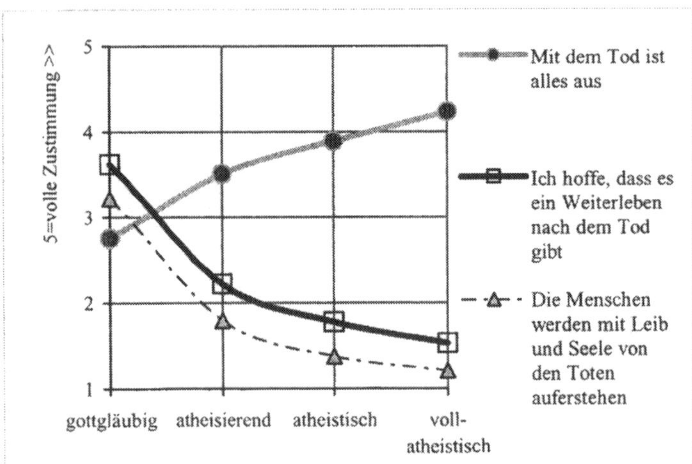

Quelle: Aufbruch 1998

Alltagsatheismus

Neben diesem mehr theoretischen Atheismus mit seinen Überzeugungsstufen scheint es einen alltagspraktischen Atheismus zu geben. Marianne Gronemeyer[2] bezeichnet ihn als „Leben als letzte Gelegenheit". Er kann als die auf den Kopf gestellte Vertröstung des Menschen auf das Jenseits begriffen werden: nämlich die Vertröstung auf das Diesseits.
Leitspruch solchen „Lebens als letzter Gelegenheit" ist in heutiger (Jugend)Kultur: „Wir wollen alles und zwar subito." Das meint maximales (leidfreies) Glück in minimaler Zeit, und das in Liebe, in Arbeit, Amüsement. In Studien kommt diese Einstellung zum Leben im Item zum Ausdruck: „Der Sinn des Lebens ist, das Beste dabei herauszuholen." Die Zustimmung zu dieser Aussage liegt zwischen 43% in Tschechien und 84% in Kroatien.

TABELLE 1: „Der Sinn des Lebens ist, das Beste dabei herauszuholen."

Kroatien	84%		Deutschland Ost	61%
Ungarn	81%		Litauen	61%
Rumänien	76%		Slowakei	52%
Polen	74%		Ukraine	49%
Slowenien	70%		Tschechien	43%

Quelle: Aufbruch 1998

Symptome

Gut erforscht sind die Symptome solchen „Lebens als letzter Gelegenheit". Wer maximales Glück in minimaler Zeit (von neunzig Jahren) anstrebt, lebt schnell, hastig. Seine Jagd nach dem Glück wird anfordernd, überfordernd. Sie ist geprägt von der Angst, zu kurz zu kommen. Dies wiederum entsolidarisiert die Menschen voneinander.

Flucht und Protest

Allerdings mehren sich zumal in den ökonomisch reichen Ländern die Anzeichen dafür, dass solches Leben für eine wachsende Zahl kaum noch befriedigend ist. Es ist den Menschen eher zum Davonlaufen.

---

2 *Marianne Gronemeyer*, Leben als letzte Gelegenheit. Zeitknappheit und Sicherheitsbedürfnisse, Darmstadt 1993.

Die Formen dieses Escape sind vielfältig: ins gespielte Leben des allabendlichen Fernsehens, in Alkohol und Drogen, in die Kriminalität, in psychosomatische Krankheiten, in sektoide Sonderwelten, in den Selbstmord.
Allerdings scheint eine wachsende kulturelle Avantgarde gegen diese Lebensart aufzustehen, zu protestieren. Die Respiritualisierung, vom Trendforscher Matthias Horx als Megatrend bezeichnet[3], ist Ausdruck für einen solchen Protest. Auch die Dimensionen dieser spirituellen Suche mit neuer Qualität werden erkennbar: die Reise ins Innere, die Reise ins Weite, Sehnsucht nach Heilung, nach einer Gemeinschaft mit einer Ethik der Liebe, nach Struktur und Festigkeit, nach einer neuen Welt.[4]

Atheisten und Gott

Die Kernfrage des Atheismus ist die Frage nach Gott. Damit erweist sich der Atheismus als Moment an einer alten religiösen Suche der Menschen, findet aber anders als die Gläubigen eine negative Antwort auf diese Frage. Allerdings scheint sich nur ein Teil der Atheisten ihrer Sache ganz sicher zu sein. Es sind die Vollatheisten, die keinen Gott anerkennen und daher auch kein Gefühl der Gottnähe kennen.
Anders ist es aber bereits bei den abgeschwächten atheistischen Positionen. Hier wird die Frage nach dem Erleben einer Nähe Gottes sehr differenziert und zurückhaltend beantwortet. Die Frage taucht auf, ob es in den Menschen nicht unterschiedliche Ebenen gibt: eine kognitive an der Oberfläche und eine Tiefenschicht, in der sich vielleicht auch bei Atheisten ein namenloses Gottesahnen zeigt – wie umgekehrt es in der Tiefe der Gottgläubigen eine Art tief sitzenden Atheismusverdacht gibt – ja vielleicht geben muss, weil sonst der Glaube an Gott nicht aus dem Risiko freier Liebe entspringt?
Wirkt Gott also bei den Atheisten das Heil in namenloser und kognitiv nicht eingeholter Tiefe? Das könnte der Position des Zweiten Vatikanischen Konzils Recht geben:
„Die göttliche Vorsehung verweigert auch denen das zum Heil Notwendige nicht, die ohne Schuld noch nicht zur ausdrücklichen Anerkennung Gottes gekommen sind, jedoch, nicht ohne die göttliche Gnade, ein rechtes Leben zu führen sich bemühen. Was sich nämlich an Gutem und Wahrem bei ihnen findet, wird von der Kirche als Vorbereitung für die Frohbotschaft und als Gabe dessen geschätzt, der jeden Menschen erleuchtet, damit er schließlich das Leben habe." (Lumen gentium 16)

---

3 *Mathias Horx*, Megatrends der späten neunziger Jahre, Düsseldorf 1995.
4 Dazu das in Arbeit befindliche Forschungsprojekt von *Ariane Martin*, Mehr Licht?! (Mainz-Wien 2004/05).

Begegnung mit dem Atheismus

Für Begegnung mit einem solchen differenziert wahrgenommenen Atheismus ist es hilfreich anzuerkennen, wie es die katholische Kirche auf dem Zweiten Vatikanischen Konzil getan hat, dass der moderne europäische Atheismus eine Frucht des Christentums ist (vgl. Gaudium et spes 19-21). Christen haben ihn durch eine falsche Gottesrede mit verursacht. Sie haben in einer Kultur, in der es ein unbeugsames Streben nach Freiheit und Befreiung des Menschen von allen Unmündigkeiten und Unterdrückungen gab, es nicht verstanden, Gott so zu befreien, dass es gerade er ist, der den Menschen befreit aus inneren wie äußeren Unterdrückungen und Versklavungen. Wahrheit und Freiheit sind also einander nicht Feind, sondern bedingen einander geradezu. Allerdings setzt dies voraus, dass Wahrheit vor allem in Bezug auf Gott personal konzipiert ist: als emeth, also das Verlässliche am Entgegenkommen Gottes.

Erreichbarkeit der Tiefenschicht?

Sollte die theologische Annahme stimmen, dass es in der Tiefe eines Atheisten eine Art verborgenes Gottesahnen gibt und dass Atheisten, wenn sie in atheistischer Weise wahrhaft lieben, auf dem Wege des Heils sind, dann stellt sich für eine missionarische Kirche im Kontext atheisierender Kulturen die Frage, wie diese Tiefenschicht dialogisch erreicht werden kann.

Den Anstoß dazu kann das Leiden an der engen, pur diesseitigen Lebensgestalt ergeben, die dem menschlichen Geist und dem menschlichen Sehnen die Flügel stutzt. Eine solche dialogische Begegnung mit der glaubensoffenen Tiefenschicht kann nur mystagogisch erfolgen. Eine solche mystagogische Mission führt den Menschen hin vor jenes Geheimnis, welches das Leben des Menschen im Grunde immer schon ist: eine Geschichte Gottes mit jeder und jedem Menschen (Karl Rahner[5]).

Solche mystagogische Mission geschieht vermutlich oftmals weniger rational-diskursiv, sondern vielfach mehr rituell. Es scheint bei Atheisierenden sogar eine Offenheit für religiöse Rituale zu geben.

---

5 *Paul M. Zulehner*, Denn du kommst unserem Tun mit deiner Gnade zuvor. Zur Theologie der Seelsorge heute. Paul M. Zulehner im Gespräch mit Karl Rahner, Ostfildern, ^{2}2003.

ABBILDUNG 5: Atheisten wünschen kirchliche Rituale

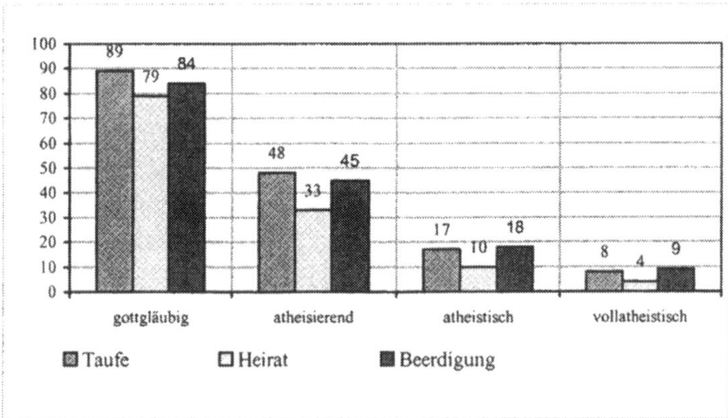

Quelle: Aufbruch 1998

Solche Befunde stellen freilich mehr Fragen als sie beantworten. Was ist das Geflecht von Gründen, welches atheisierende Menschen ritenoffen macht? Ritentheorien führen auf dem Weg zu einer fundierten Antwort weiter.

Es gibt leutereligiöse Gründe: In ihnen verbirgt sich der Wunsch, dass das fragile, mit Hoffnungen und Ängsten befrachtete Leben in eine heile, ja heilige Welt eingeordnet werden möge. Dann ist, wie die Mutter einem weinenden Kind in der Nacht gegen alle Realität zusagt, die Welt „in Ordnung".[6]

Rituale wirken aber auch therapeutisch. Denn sie liegen an der Schnittstelle nicht nur zwischen dem Individuum und der Gemeinschaft, sondern auch zwischen dem Bewussten und den Tiefen des Unterbewussten.[7]

Schließlich haben die Riten eine christgläubig-ekklesiale Dimension. Sie machen das Handeln Gottes in kirchlichen Riten („Sakramenten") sinnenhaft erfahrbar. Als solche setzen sie in ausgereifter Gestalt persönlichen christlichen Glauben voraus.

Blickt man von solchen Ritentheorien auf das Wirken Jesu, dann finden sich hohe Affinitäten. Die christliche Tradition hat dem Wanderprediger den Ehrennamen Heiland gegeben. Sein Handeln hatte eine starke therapeutische Dimension, und zwar in ganzheitlicher Weise. Aus der Kraft des Glaubens, der in der Begegnung wirkmächtig wurde, ist jener Schalom gewachsen, der den ganzen Menschen erfasst.

Könnten die Kirchen in ihrer mystagogischen Pastoral in der Nachfolge des Heilands nicht vorrangig zum Heil-Land werden? Es wäre ein

---

6 *Peter Berger*, Auf den Spuren der Engel. Die Wiederentdeckung der Transzendenz, Frankfurt 1973.

7 *Alfred Lorenzer*, Das Konzil der Buchhalter. Eine Ritentheorie, Düsseldorf 1980. - Lorenzer stützt sich auf *Susanne Langer* und *Ernst Cassirer*. Auch *Paul Ricoeur* gehört in die Reihe der herausragenden Ritentheoretiker.

wichtiges Moment an einer missionarischen Kirche im Kontext des Atheismus.

Eine solch rituell sensible Pastoral wird nicht auf das Wort verzichten. Der Schwerpunkt läge dann aber nicht beim diskursiven Wort, das argumentativ überzeugt und in Gefahr ist, dabei auf „zwingende Argumente" zu bauen. Es ist mehr jenes Wort, welches das Erlebte zur Sprache bringt, auch hinein in die ausgereifte und geläuterte Sprachwelt des Evangeliums. Vor allem aber ist es ein Wort, das die menschlich-kirchliche Außenseite eines zugleich tief innerlichen Vorganges ist. Von einem solchen berichtet exemplarisch die Apostelgeschichte: *„Eine Frau namens Lydia, eine Purpurhändlerin aus der Stadt Thyatira, hörte zu; sie war eine Gottesfürchtige, und der Herr öffnete ihr das Herz, so dass sie den Worten des Paulus aufmerksam lauschte." (Apg 16,14)*

3.2 Mission und Gemeindeaufbau in Ungarn

Lajos Szabó, Budapest

Tradition und Gegenwart

Um das Gemeindeleben im heutigen Ungarn verstehen zu können müssen wir von einigen relevanten Tendenzen der jüngsten Vergangenheit ausgehen. Die schwierigste Zeitspanne für die ungarischen Kirchengemeinden war ohne Zweifel die Periode zwischen 1950 und 1989. Was die Kirchenpolitik betrifft, können diese 40 Jahre jedoch nicht als homogen betrachtet werden. Obwohl die atheistische Ideologie durchweg vorhanden blieb, war mit der Zeit eine gewisse Verschiebung zur Toleranz im Verhalten des Staates den Kirchen gegenüber zu beobachten. Das hat aber eher nur das Allgemeinbefinden verbessert, und den Kirchen einen etwas weiteren Spielraum ermöglicht, doch bedeutete das keine wesentliche Veränderung. Gerade der Gemeindeaufbau war von keiner Art der Veränderung betroffen, da die verengten Rahmen des Gemeindelebens erhalten blieben. Neue Möglichkeiten gab es nicht, und während der Jahrzehnte verfielen die Kräfte, die menschlichen Quellen der Gemeinden, die einen eventuellen größeren Spielraum hätten beleben können. Ein interessanter Zug dieser Zeitspanne ist dagegen, dass die Mehrzahl der Gemeinden die Schwierigkeiten der äusseren Umstände durch einen verstärkten inneren, brüderlichen Zusammenhalt aufzuwiegen versuchte. Ein elementarer, verzweifelter Kampf ums Leben charakterisierte die Gemeinden; eine Hingabe, eine Opferbereitschaft, die das heutige Verhalten der Gemeinden – so scheint es uns – in vieler Hinsicht übertraf. Typisch für diesen Kampf war die Absicht die Kontinuität des Gemeindelebens aufrechtzuerhalten. Die abnehmende Zahl der Gemeindemitglieder und der – besonders am Ende der Periode drückend gewordene – andauernde Pfarrermangel führten von der Wende der sechziger-siebziger Jahre an zur Zusammenziehung einzelner Gemeinden. Obwohl diese Gemeinden ihre formale und rechtliche Selbständigkeit beibehalten haben, gab es nur dort eine richtige evangelische Gemeinde, wo der Pfarrer wohnte. Die anderen Gemeinden sind praktisch zur Filiale oder Diaspora geworden, auch wenn sie über eigenen Kirchen-

vorstand und eigenes Budget verfügten. Die kirchlichen Gemeinden der einzelnen Ortschaften versuchten alle ihre Kräfte einzusetzen, damit das Pfarrhaus bewohnt und belebt bleibt, und in den nach der Verstaatlichung zurückbekommenen Gebäuden regelmäßig kirchliche Veranstaltungen stattfinden können.
Was die Intensität des Gemeindelebens betrifft, konnte man in den verschiedenen Landesteilen wesentliche Unterschiede in dieser Zeit beobachten. Die in einem geschlossenen, einheitlichen konfessionellen Block lebenden Gemeinden konnten die Stabilität des Gemeindelebens besser behalten, als diejenigen, die in der Diaspora lebten. Für die evangelischen Gemeinden war die Diasporasituation äusserst kennzeichnend, was zu einer Art familiären Gemeindelebens führte. Die Gemeindemitglieder eröffneten ihre Heime für den Gottesdienst, sie sorgten für die Organisierung und Vorbereitung der einzelnen Gemeindeveranstaltungen, manchmal wickelten sie sogar diese Anlässe selber ab. Heute ist das für uns um so interessanter, da die selbstorganisierende Kraft der kirchlichen Gruppen, die zum Bestandteil der evangelischen Tradition geworden ist, in den heutigen Gemeinden immer weniger zu beobachten ist. Die Aktivität der Gemeindemitglieder während dieser schwierigen historischen Periode hing natürlich auch damit zusammen, dass die Gemeindeanlässe eine sonst kaum vorhandene Gelegenheit zur aufrichtigen Zusammenkunft boten. Der Gottesdienst, genauso wie die Bibelstunde oder der Kinderunterricht waren vor oder nach dem Anlass von persönlichen Gesprächen begleitet, was einerseits von der Diasporasituation, andererseits von der schon erwähnten aufrichtigen und engen Zusammengehörigkeit folgte (und manchmal auch durch eine stillschweigende politische Abtönung gekennzeichnet war).
Die positiven Züge des historischen Erbes möchte ich folgendermaßen zusammenfassen:

- Innige, familiäre Atmosphäre
- Selbstorganisierende Tätigkeiten
- Aktives Herangehen
- Opferbereitschaft sowohl in zeitlicher als auch in finanzieller Hinsicht.

Der markanteste gemeinsame Zug dieser Zeitspanne ist jedoch der elementare Kampf darum, dass das Gemeindeleben nicht aufhört, dass „die Tür nicht geschlossen werden muss".
Charakteristisch für diese Jahrzehnte ist, dass es in den Gemeinden außer dem Pfarrer, eventuell dem Kantor kaum einen beruflichen Angestelltenstatus gab. Daraus folgte, dass die Bürokratie auf das Minimum zusammenschrumpfte, und dass sich der Spielraum auf die Kirche und die Parochie beschränkte.

Als negative Erbschaften in Hinsicht auf Mission und Gemeindeaufbau möchte ich die folgenden erwähnen:

- Viele haben sich von der Gemeinde getrennt (die meisten aus Angst oder aus Karrieregründen).
- Die geschlossene, auf die Kirche und die Parochie beschränkte Lebensform ergab, dass sich die Gemeinden der größeren gesellschaftlichen Öffentlichkeit entwöhnten und immer mehr unter einer „Glasglocke" lebten. Das brachte mit sich, dass sie sich auch der realen Konfrontation und der Notwendigkeit der Interessenverteidigung abgewöhnt haben.
- Die jüngere Generation hat sich von der Kirche entfernt, es galt eher als Ausnahme, wenn junge Leute eine Beziehung zur Kirche hatten. Die aktuelle, kommunikationsfähige Sprache der Kirche den Jugendlichen gegenüber ist verlorengegangen.
- Die sich auf einen engen Raum beschränkenden Veranstaltungen hatten nur eine innere Wirkung auf die Gemeinde selbst ausgeübt, die Möglichkeit zum Heraustreten, zur Mission nach Außen war nicht gegeben.
- Die ehrenamtlichen Mitarbeiter sind aus der Reihe der aktiven Diensthabenden der Gemeinde ausgeschieden, die Organisierung kam meistens dem Pfarrer oder in vielen Fällen seiner Familie zu. Die Zahl der Angestellten war gering.

Man muß feststellen, dass zahlreiche Auswirkungen dieser durchgekämpften Periode auch heute noch zu spüren sind, wobei die Tendenzen des Gemeindeaufbaus nach dem Jahr 2000 durch plötzliche und tiefgehende Veränderungen gekennzeichnet sind. Nach der politischen Wende haben die raschen äußeren Einflüsse eine vorher nie geglaubte Wirkung ausgeübt. Ein reales Bild darüber bekommt man nur, indem man wahrnimmt, dass die Kirche und die Gemeinden in Ungarn (und wir können die Behauptung ruhig auf den ganzen früheren Ostblock erweitern) in eine völlig neue Situation geraten sind. Die Auswirkung der Vergangenheit wurde plötzlich von einer härteren Realität umgeräumt, es entstand eine neue gesellschaftliche Umwelt mit rasch verändernden und nie erlebten Herausforderungen, woraus sich die Frage ergibt: Was kann die Kirche und die Gemeinde mit diesen Herausforderungen der postmodernen Gesellschaft anfangen?
Nach 1989 stand die Herausbildung eines bewussten Programms für Mission und Gemeindeaufbau leider nicht an erster Stelle im kirchlichen Leben. Zahlreiche andere Fragen haben – oft zwangsläufig – den Vorrang erhalten, doch war eine das Leben der Gemeinden programmartig bestimmende und beeinflussende gemeinsame Tätigkeit bzw. Planung für diese Periode nicht charakteristisch. Das könnte auch so formuliert werden, dass die Kirchen unter dem Druck der reißenden äußeren Umwälzungen in einen Tatenzwang gerieten, indem

sie auf die dringendsten Herausforderungen möglichst rasch reagieren mussten. Es blieb keine konzentrierte Kraft und Aufmerksamkeit mehr übrig um Pläne, Modelle oder Theorien auszuarbeiten oder darüber ernsthaft nachzudenken, obwohl von Zeit zu Zeit Schriften, Abhandlungen (Dissertationen) im Themenkreis des Gemeindeaufbaus erschienen.

Die sich aus den radikalen Umwälzungen ergebenden Aufgaben und Möglichkeiten, die keine der Gemeinden umgehen konnte, waren meines Erachtens die Folgenden:

- Es eröffneten sich unerwartete, neue Möglichkeiten;
- die zurückbekommenen Immobilien mussten in Besitz genommen und belebt werden;
- das Interesse für die zivile, bzw. Laienaktivität musste wiedererweckt werden, was unter anderen auch die Aktivierung der evangelischen Intelligenz bedeutete;
- die Kirchenstruktur musste demokratisiert werden;
- das Wiedererrichten und die Organisation der kirchlichen Kindergärten, Schulen und anderen Institutionen verlangte einen Übermaß an Energie;
- die sich interessierenden – früher nicht aktiven – Gemeindemitglieder mussten aufgenommen, in die Gemeinschaft integriert werden, das Vertrauen zu ihnen musste hergestellt werden, was übrigens oft keine leichte Aufgabe war.

Zusammenfassend kann man sagen, dass die meisten Gemeinden im Zeitraum nach 1989 eine gewisse Zwangsbahn begehen mussten. Es gab keine gemeinsamen, einheitlichen Programme, da die Lage der einzelnen Gemeinden so unterschiedlich war, dass die Zukunftspläne überall anders gestaltet werden mussten. Die Tätigkeit war auch dadurch bestimmt, ob im Bereich der Gemeinde eine kirchliche Institution zustande kam oder nicht, und wenn ja, was für eine. Diejenigen Gemeinden, die eine Rolle im Unterrichtswesen auf sich genommen haben, trafen durch die Schule, den Kindergarten auf eine breitere gesellschaftliche Öffentlichkeit, während andere, die auf dem Gebiet der Diakonie neu angefangen haben, durch die aktive Teilname an der diakonischen Arbeit einen Zugang zum Leben der Siedlung gefunden haben. Im Allgemeinen kann man behaupten, dass eine augenfällige Erneuerung dort zu merken war, wo es Mut und Initiative gab, und wo die Gemeinde eine konkrete Aufgabe auf sich nehmend „ein großes Abenteuer antretend" das Leben neu angefangen hat.

Welche sind die Merkmale einer evangelischen Gemeinde im heutigen Ungarn?

Eine allgemein gültige Formulierung dafür ist sehr schwer zu geben, man kann jedoch über gemeinsame Tendenzen sprechen, die für die Entwicklung der einzelnen Gemeinden charakteristisch sind. Was die Möglichkeiten betrifft, ist die Zahl der Gemeinsamkeiten heute vielleicht etwas höher als die der Unterschiede im Vergleich zu den früheren Jahren. Einen grundlegenden Unterschied gibt es auf jeden Fall, und das ist die Anzahl der Gemeindemitglieder. In dieser Hinsicht ist keine Änderung vorzusehen. Das bedeutet in der evangelischen Kirche, dass es sowohl Gemeinden mit 10.000 Mitgliedern gibt, als auch solche, deren Gemeinschaft nicht mehr als 200-300 Mitglieder zählt. Aus diesem Unterschied ergeben sich weitere, stets wachsende Ungleichheiten auf zahlreichen Gebieten des Gemeindelebens, unter anderen im wirtschaftlichen, sozialen oder administrativen Bereich. Daraus folgt, dass die einzelnen Gemeinden äußerst unterschiedliche Lebens- und Dienstmöglichkeiten ihrem Pastor zu bieten haben, was dann wieder eine Rückwirkung auf das Gemeindeleben hat.
Die gemeinsamen Züge der evangelischen Gemeinden würde ich folgendermaßen skizzieren:
a) Die größte gemeinsame Sorge der Gemeinden ist die abnehmende Zahl der Mitglieder. Der Grund dafür ist die allgemeine Bevölkerungsabnahme in Ungarn, aber auch die zunehmende Säkularisation spielt dabei eine Rolle. Als kleinste historische konfessionelle Einheit in Ungarn muss die evangelische Kirche auch mit der Saugkraft der größeren Kirchen rechnen: bei den gemischten Ehen „verliert“ meistens die evangelische Kirche. Bei der Volkszählung im Jahre 2000 gab es die fakultative Möglichkeit auch die konfessionelle Zugehörigkeit anzugeben. Auf der einen Seite hat man daher eine Abnahme der zur evangelischen Kirche gehörenden registriert, auf der anderen Seite ergab sich aber auch ein erstaunliches Ergebnis: auch in solchen Siedlungen haben sich viele als evangelisch bekannt, wo es keine selbständige evangelische Gemeinde gibt. Die Konsequenzen dieser Tatsache sind für den Gemeindeaufbau offensichtlich. Zur gleichen Zeit hat sich die schon lange da gewesene Vermutung, dass nämlich die Zahl der Gemeinden in Diasporasituation zunimmt, als Realität erwiesen. Das hat natürlich auch seine Konsequenzen in Hinsicht auf den Gemeindeaufbau.
b) Der zweite gemeinsame Zug ist, dass im Mittelpunkt des Gemeindelebens der Gottesdienst steht. Die meisten Gemeindemitglieder können aus diesem Anlass erreicht werden. Es ist schwer neue, anziehende, dem modernen Lebensrhythmus entsprechende Wochentagstätigkeiten in den Gemeinden herauszubilden. Was das Programmangebot betrifft, gibt es unglaublich große Unterschiede unter den einzel-

nen Gemeinden. Die am besten zu erreichenden zwei Schichten sind die Älteren und die Jugendliche, bzw. Kinder. Die mittlere Generation ist im Gemeindeleben unterrepräsentiert, das heißt sie ist dort anwesend, wo es eine selbsttätige, aktive Gruppenarbeit gibt (Chor, Orchester, eine Art Verein usw.)

c) Die zentrale und eindeutig leitende Rolle des Pfarrers ist vor allem für die Gemeinden der kleineren Siedlungen charakteristisch, in den größeren, hauptsächlich städtischen Gemeinden ist eine Zivilschicht erschienen, die bereit ist auch eine leitende Funktion zu übernehmen. Die Möglichkeit zur Bildung einer richtigen Mitarbeiterstruktur und -Atmosphäre ist also gegeben, doch bleibt die Verwirklichung dieser neuen Art der Gemeindeleitung in vielen Fällen stecken, da man dem traditionellen Gemeindebild gewöhnt ist, wo der Pfarrer im Mittelpunkt steht. Die Umstellung von der Einmannleitung zu einer von den Mitarbeitern bestimmten Struktur wird wahrscheinlich dadurch verhindert, dass die Tradition und die Praxis der gemeinsamen Handlung und der Kommunikation zwischen Pastor und Mitarbeitern fehlen. Auf beiden Seiten tauchen Schwierigkeiten auf: Mangel an Elastizität und Angst vor Rollenverlust seitens der Pastoren und Mangel an Vertrauen und Geduld auf der weltlichen Seite. Dieser Strukturenwandel ist also unentbehrlich um eines Tages über eine allgemein anerkannte und verbreitete Art des Gemeindeaufbaus sprechen zu können. Die Kirche muss auf diese neue, weltliche leitende Schicht besonders achten um genügend Ausführungskraft für die in der Zukunft vor ihr stehenden Dienste zu haben. Es ist besonders wichtig, dass auch hochgebildete und anerkannte Persönlichkeiten in der evangelischen Kirche eine führende Rolle bekommen, da auf diesem Gebiet heute eine wesentliche „Verengung" zu merken ist. In den kleineren Siedlungen kann man die Herausbildung einer solchen Mitarbeiterschicht nur als Ergebnis eines bewussten Religionsunterrichts erzielen. Den dazu führenden Weg sollten die Gemeinden – so meine ich – gemeinsam begehen: Mehrere Gemeinden könnten zusammen Konferenzen, Bildungsveranstaltungen organisieren, wo die Vorbereitung der zivilen führenden Schicht im Mittelpunkt steht. Die gemeinsame Arbeit würde höchstwahrscheinlich viel erfolgreicher sein, als die sporadischen individuellen Versuche. Dazu muss man sich aber auf einer breiteren Ebene bewegen und eine umfangreiche, auch kulturelle Tätigkeiten umfassende Lebensform der Gemeinde auf sich nehmen.

d) Von wirtschaftlicher Seite gesehen wäre heute etwa die Hälfte der Gemeinden fähig ein selbständiges Leben zu führen. Die freiwillige Kirchenerhaltung könnte die Kosten des selbständigen Funktionierens in den meisten Gemeinden nicht decken. Finanziell sind nur diejenigen lebensfähig, die auch über andere Einkommen verfügen. Da aber dies nur für eine Minderheit charakteristisch ist, sind die Möglichkeiten zur Modernisierung des Gemeindelebens äußerst gering. Natürlich

gibt es auch hier bedeutende Unterschiede zwischen den einzelnen Gemeinden. Auf diesem Gebiet kann eine einheitliche und durchdachte wirtschaftliche Regulierung kaum mehr verschoben werden, indem die größeren, stärkeren Gemeinden die Hilfe der kleineren übernehmen würden. In Ungarn wird der Gehalt der evangelischen Pfarrer von der eigenen Kirchengemeinde bezahlt, was natürlich weitere Fragen in Bezug auf den Gemeindeaufbau aufwirft. Das bedeutet für die Pfarrer eine ausgelieferte Situation, da ihr Gehalt davon abhängt, was sich die Gemeinde leisten kann – und darin gibt es, wie schon erwähnt, wesentliche Unterschiede. Zur Zeit wird das Budget der Kirchengemeinden durch staatlichen Zuschuß, ausländische Hilfe und Entschädigungsbeiträge ergänzt, bzw. gesichert. In der Zukunft kann das Einkommen der Gemeinden nur durch das Miteinbeziehen der aktiven, gut verdienenden Schicht erhöht werden, und dazu braucht man wiederum ein breiteres Angebot an Programmen und Veranstaltungen.
e) Nur ein Bruchteil der Gemeinden ist heute bereit Leute, die früher ausgetreten waren, sich von der Kirche entfernt hatten, oder gar nie zur Kirche gehörten, bewußt mit neuen Programmen anzusprechen. Die Möglichkeit der Mission ist auf mehreren Gebieten vorhanden: Freizeitprogramme für Kinder, eine Art „Tagesheim“ für ältere Leute, regelmäßiges Treffen der jungen Mütter, modernere Formen der Jugendarbeit, Teilnahme am „Telehaus“-Programm, Beschäftigung mit Arbeitslosen, oder Zigeuner – was in der letzten Zeit in manchen evangelischen Gemeinden eine reale und zeitgemäße Herausforderung ist.
f) Auf diesen Gebieten kann man heute auf berufliche Angestellte nicht mehr verzichten, doch bedeutet die freiwillige Mitarbeit der älteren Generation immer noch einen Vorrat, mit dem man als positives Erbe rechnen kann.

Einige mögliche Auswege im Interesse des zukünftigen Gemeindelebens

Es ist wichtig jene Gebiete zu definieren, auf denen die Möglichkeiten der Zukunft in den heutigen Gemeinden zum Vorschein kommen. Natürlich kann man dieselben Prioritäten nicht vor alle Gemeinden stellen, da die Aktivitäten je nach Art und Intensität unterschiedlich sind. Doch ist es schon heute zu erkennen, dass ohne Modernisierung der Gemeindestruktur und ohne bessere Kommunikation die Mission keine Zukunft hat. Diese beiden Fragen müssen bald in den Vordergrund treten, sonst wird die Gemeinde gezwungen sich wieder hinter ihre eigenen Mauer zurückzuziehen und wahrnehmen müssen, dass die umgebende Gesellschaft nicht mehr mit ihr rechnet. Es kann nicht lange verschoben werden konkrete Programme, Pläne für den Gemeindeaufbau zu schaffen, die von den einzelnen Gemeinden je nach eigenen Möglichkeiten, Gegebenheiten und Kapazität verwirklicht werden können.

Anhand einer zwanzig Gemeinden umfassenden Ermessung konnte ich einige Gesichtspunkte finden, die bei sozusagen allen Gemeinden gleich sind:

- Inhaltliche Schwerpunkte: man braucht organisierte Anlässe, Veranstaltungen, wo die allgemeinen Werte der christlichen Lehre in zeitgemäßer Form weitergegeben werden. Die Ermessung zeigt, dass selbständige Programme und Ereignisse das Interesse besser erwecken, als die herkömmlichen, regelmäßig wiederkehrenden Anlässe. Die wöchentlich stattfindende traditionelle Bibelstunde ist in immer weniger Gemeinden beliebt. Einzelne, über die Bibel gehaltene Anlässe werden dagegen angefragt. Konferenzartige Vorträge, Veranstaltungen, die sich mit aktuellen theologischen und ethischen Fragen befassen, können die Gemeinschaft – besonders wenn es um namhafte Vortragende geht – in Bewegung bringen.
- Für die Gemeinden ist es überall wichtig, die hilfsbedürftigen Menschen zu erreichen. Ich denke hier vor allem an Regionen, wo die Anzahl der Arbeitslosen besonders groß ist, aber auch an die alten Leute, deren Zahl in allen Gemeinden wächst. Von ihrer Seite ist die Nachfrage für ein breiteres kirchliches Programmangebot nachweisbar. Die gefragten Pastoren haben darüber berichtet, dass in diesem Fall das klubartige Zusammensein und die verschiedenen Freizeitprogramme bevorzugt werden. Aber auch in der Erwachsenenbildung –vor allem auf dem Lande (in den Dörfern) kann die Kirchengemeinde eine Rolle spielen. Nach unserem Eintritt in die Europäische Union gibt es noch mehr Möglichkeiten für die Hilfe in den kleineren Siedlungen. Hier muss man die Alten- und Krankenfürsorge erwähnen, in deren modernen Methoden (z.B. Organisierung der Hausfürsorge, regelmäßige Ausflüge, Kirchenklub für Rentner usw.) sich bereits heute mehrere Gemeinden erfolgreich versuchen.
- Es kommt eindeutig zum Vorschein, dass eine augenfällige Entwicklung nur dort zu sehen ist, wo das innere – seelische – Programm der Gemeinde und ihre äussere – öffentliche – Rolle in den lokalen Foren des öffentlichen Lebens gleichzeitig erscheinen. Es ist weiterhin auch nicht zu leugnen, dass es ohne eine ökumenische Zusammenarbeit auf sozialem Gebiet kaum eine Chance geben wird die Unterstützung der lokalen Selbstverwaltung zu gewinnen. Das ist nicht nur aus finanziellen Gründen wichtig, eine solche Zusammenarbeit hat nämlich auch ihre Auswirkungen auf die sogenannte „PR“. Das lokale Fernsehen übernimmt zum Beispiel in zahlreichen Ortschaften Ungarns eine wichtige Botenrolle, indem es regelmäßig über kirchliche Ereignisse berichtet oder Gottwesdienste überträgt.

Nicht weniger interessenerweckend können Programme sein, die eine Funktion von Familienhilfe, Krisenfürsorge oder Freizeitgestaltung erfüllen, doch ist in diesen Fällen die Mitwirkung der lokalen Kräfte auf dem Gebiet der Werbung, der Kommunikation, der Bekanntmachung nicht zu entbehren. Die kirchlichen Gemeindezentren sind an Wochentagen meist nicht richtig ausgenützt Das ist wiederum ein Problem, das eine grössere Aufmerksamkeit verdienen würde.

Die oben erwähnten drei Gesichtspunkte bedeuten mit anderen Worten das Folgende:
Der qualitativen und quantitativen Förderung der
- belehrenden,
- diakonischen
- und kulturellen

Aktivitäten soll in der Zukunft mehr Aufmerksamkeit geschenkt werden. Sogar die kleinsten Gemeinden sollten sich davor nicht verschließen, da gerade auf diesen Gebieten eine Chance besteht Leute anzusprechen und zu erreichen, die sich von der Kirche entfernt oder getrennt hatten.
Ein weiteres Charakteristikum stellt die Tatsache dar, dass sich das Frömmigkeitsleben der Gemeinden äusserst traditionsgebunden, ja konservativ ist, so dass jeder Versuch zu einer formalen Erneuerung auffällt. Es erscheinen dagegen in mehreren Gemeinden verschiedene spezielle, eine bestimmte Schicht erzielende Gottesdienste. Eher diese weisen die Merkmale des Versuchs mit neueren, moderneren Formen und Vorstellungen auf.

Welche sind die wichtigsten Prioritäten der Gemeinden in Ungarn, die einen bewussten Gemeindeaufbau erzielen möchten?

- Durchbruch auf dem Gebiet der Kommunikation: der Umgebung und dem heutigen Sprachgebrauch näherkommen.
- Wichtig sind die für nichttraditionelle Gemeindemitglieder veranstalteten Programme, bzw. das Erscheinen ausserhalb der Kirche: *man muss erlernen mit weniger Hemmungen vor die Öffentlichkeit zu treten.*
- Die Tätigkeit der wiedereröffneten Institutionen (Schulen, Alters- und Pflegeheime) soll sichtbarer gemacht werden: *man soll das neue Gesicht der Kirche erscheinen lassen.*
- Der Presse und den Medien soll auch in dem Sinne eine Aufmerksamkeit geschenkt werden, dass sie fähig sind tiefere seelische Inhalte in einer modernen Form auszustrahlen. *Die Medien dienen*

nicht nur der Weiterleitung von Nachrichten, sondern sind das Mittel der Anrede und der Interessenerweckung.

- Statt der Einmannrolle des Pastors soll man sogar in der kleinsten Diaspora die Mittel und Methoden der gemeinschaftlichen Zusammenarbeit finden. Das Ziel ist nicht, dass die Gemeinde dem Pastor „zusieht", sondern dass sie zu einer aktiv mit dem Pastor mitwirkenden Gemeinschaft wird. Die neuen Formen dieser Zusammenarbeit sind bereits in zahlreichen Gemeinden nachzuweisen.
- Ohne eine mutige Erscheinung geraten die Gemeinden in eine ungünstige gesellschaftliche Lage. Zu dieser Offenheit sind Programme nötig, die unter gleichzeitiger Mitwirkung von mehreren Gemeinden entstehen. Ebenso wichtig ist, dass die Veranstaltungen der Landeskirche einen größeren Einfluss auf das konkrete Gemeindeleben ausüben (z.B. Kirchentage und Treffen, die konkrete Pläne, Aufgaben und Projekte vor die Gemeinden stellen).

Die heutigen, über sehr unterschiedliche Möglichkeiten verfügenden Gemeinden haben eins gemeinsam: sie sind auf der Suche nach einer zeitgemäßen Lebensform. Obwohl es aus den offiziell angekündigten Programmen oft nicht hervorgeht, laufen in den einzelnen Gemeinden – von einander völlig unabhängig – ähnliche Aktivitäten. Man kann in der Evangelisch-Lutherischen Kirche in Ungarn zwar nicht über Modelle sprechen, die zum Beispiel in Deutschland in den 70er-80-er Jahren üblich waren, es gibt aber Tendenzen, die davon zeugen, dass die Gemeinden um eine zeitgemäße Kommunikation und darum kämpfen, dass sie in der heutigen, sich umwälzenden ungarischen Gesellschaft erscheinen und eine aktive Rolle spielen können. Hinter diesen äusseren Kämpfen ist auch ein innerer Kampf wahrzunehmen: es muss klar gemacht werden, dass die Kontinuität der Verkündigung des Evangeliums eine zeitgemäße theologische Arbeit beansprucht.

3.3 Sharing Faith in a New Century[1]

Brent Dahlseng, Chicago

Summary of Evangelism Strategy

Called by God in baptism and empowered by the Holy Spirit, the Evangelical Lutheran Church in America calls upon its members, congregations, synods, churchwide ministries, and related institutions and agencies to...

Objective I: Call the Church to Prayer

...pray for the renewal of this church so that every member, congregation, synod, churchwide unit, and institution might bear witness to the Good News of Jesus Christ.

Goal
Activate and mobilize this church to pray for renewal that is grounded in the Word.

Actions
A. Issue a call for prayer from the presiding bishop and synodical bishops to congregational members and congregations
B. Promote spiritual renewal
C. Provide resources to teach, model, and mentor prayer
D. Learn from, and walk with, our global and ecumenical partners in prayer ministry
E. Develop new prayer leaders through the identification and training of children, youth, and young adults

---

1 Hier handelt es sich nicht um die Wiedergabe des Vortrags, sondern um eine Dokumentation der Evangelisations-Strategie der Evangelical Lutheran Church of America, die Rev. Dahlseng in seinem Vortrag darstellte und erläuterte.

Objective II: Prepare and Renew Evangelical Leaders

... nurture evangelical leaders under the renewing power of God's Spirit so that this church can be faithful in its response to God's call to mission and evangelism.

Goal
Prepare and renew evangelical leaders, lay and clergy, by reaffirming evangelism as a key priority.

Actions
A. Provide local grants to initiate evangelism and leadership renewal, with an emphasis on youth, family, and lay development
B. Implement a comprehensive churchwide mentor training program
C. Train ethnic-specific leaders
D. Strengthen internships to sharpen evangelical leadership skills
E. Establish criteria and assessment tools for effective outreach and evangelism with youth, young adults, and parents
F. Expand training of lay mission developers, redevelopers, and evangelists
G. Deepen the conversation about our evangelical identity

Objective III: Teach Discipleship

... train disciples by equipping people of all ages to be faith-filled witnesses to God as revealed in Jesus Christ and committed disciples in service to others, working for justice and peace in all the earth.

Goal
Teach people of all ages to live as disciples of Jesus Christ, sent as witnesses to Jesus, in service to others and working for justice and peace in all the earth.

Actions
A. Teach disciples of Jesus Christ by inviting them to deepen and broaden their faith practices
B. Develop spiritual mentors
C. Offer anti-racism training and resources
D. Offer training and resources for ministry to persons with special needs
E. Provide discipleship and evangelism resources
F. Host a variety of inspirational evangelical mass rallies, gatherings, or revivals
G. Expand the plan to start new Christian schools and early childhood education centers

Objective IV: Start and Renew Congregations

... seek opportunities to strengthen partnerships throughout this church for starting new congregations and renewing existing congregations as centers of service and witness, inviting all to faith in Jesus Christ.

Goal

Increase the number of ELCA congregations and ministry sites, which are growing spiritually and numerically.

Actions

A. Develop and implement a comprehensive plan for establishing vital new start congregations
B. Develop and implement a comprehensive plan to revitalize congregations
C. Research and publicize alternative funding sources for starting and renewing congregations
D. Increase the purchase of advance church sites
E. Expand electronic communication for internal and external communication and evangelism
F. Expand the partnership with the global church and our ecumenical partners
G. Develop worship resources to renew the church
H. Strengthen relationships between worship, evangelism, and discipleship ministries

ELCA Evangelism Strategy

Intended Audience:

This evangelism strategy is for all members and expressions of the Evangelical Lutheran Church in America (ELCA). It is comprised of a call to prayer, teaching discipleship, preparing and developing evangelical leaders, and strengthening the partnerships for starting and renewing congregations. Every member, congregation, and institution is called to bear witness to the Good News and participate in the renewing of leaders and congregations.

Background:

The 1991 Churchwide Assembly of the Evangelical Lutheran Church in America adopted A Telling Witness to God's Good News as its evangelism strategy for the next decade. In 2001, the assembly received

a decade report that documented membership activity, evangelism practice, and learnings about evangelism for 1991-2001.
This evangelism strategy reaffirms the ELCA's "commitment to both the biblical mandate to 'Go, therefore, and make disciples...' (Matthew 28:19-20) and this church's constitutional charge to participate in God's mission by:

a) proclaiming 'God's saving Gospel of justification by grace for Christ's sake through faith alone ... ; '
b) carrying out 'Christ's Great Commission by reaching out to all people to bring them to faith in Christ ... ;'
c) nurturing 'members in the Word of God so as to grow in faith and hope and love.'"[2]

Context:

Our individual lives – and our corporate life together as a church – have been impacted by the growth of religious pluralism and secularism, as well as by ethnic and cultural diversity. The ELCA evangelism strategy recognizes this growth as both an opportunity and challenge for ministry, evangelism, and service.

In North America ... 34 million people (13 percent) do not claim to be members of an organized Christian group.... In the Gallup poll, only about 40 percent of the population typically indicates that they have attended religious services in the last seven days, and some are convinced that even that number is inflated.

...In the Evangelical Lutheran Church in America, we know who is most likely to attend [worship in our congregations] and who is most likely to stay away. Regular attendees are older adults, families with children, married persons, widows and widowers, and college graduates. The persons who are least likely to attend worship services tend to be high school students, young and mobile adults, people of color, families with very young children, empty nesters, single people, divorcees or separated.
...As we seek a vision for the future of evangelism in this church, we [trust the Holy Spirit to work through the Gospel to bring people to faith in Christ. This proclamation in Christ compels us] ...to expand faithful ministries with people of color and whose primary language is other than English; to increase Word and Sacrament ministries among

---

2 Ibid, 232.

people living in poverty; and to receive as well as give through our reciprocal relationships with global and ecumenical partners.[3]

Values:

By the power of the Holy Spirit, this evangelism strategy is based upon the following core values that inform and enlighten its four objectives:

1) Witness by all the baptized;
2) Life-long faith formation;
3) Justice and mercy for all creation; and
4) Becoming an anti-racist multicultural church

Definition of Evangelism:

Centered in Word and Sacrament and committed to serving others, evangelism is proclaiming the Good News of Christ crucified and risen, inviting people to faith in God, and welcoming all into the Christian church.

Expected Outcome of the Strategy:

The Evangelical Lutheran Church in America, by the power of the Holy Spirit, will be a dynamic church of disciples who give joyful witness to Jesus as Savior and Lord and actively engage God's world through compassion and justice.

Evaluation:

The goals and subsequent actions of the evangelism strategy will be evaluated and reported to the Church Council and the Churchwide Assembly of the ELCA. A process of evaluation will be developed in consultation with the ELCA Department for Research and Evaluation to measure the accomplishment and impact of this evangelism strategy in the ELCA.

3 "Evangelism Strategy," section IV in 2001 Pre-Assembly Report, Evangelical Lutheran Church in America, 38.

3.4 Religion sucht Raum. Kirchengebäude in der Postmoderne[1]

Thomas Klie, Rostock

1 Kirchengebäude anschauen

Noch haben wir sie – unsere Kirchengebäude. Stein gewordene Zeugen unserer Religion. Verbauter Glaube. Architektonischer Ausdruck eines frommen Bewusstseins und eines starken Willens zur Darstellung. Ebenso kunst- wie machtvoll erheben sie Anspruch auf die Gültigkeit einer Christentumspraxis, derer sie sich letztlich verdanken. Keine kulturelle Einrichtung hat ihre tragenden Gewissheiten eine derart markante Gestalt annehmen lassen, wie die christliche Kirche mit ihren Kirchen. Texturen, in denen Generationen von Christenmenschen ihr Leben gedeutet vorfanden. Geronnene Deutungsofferten. Ästhetische Zeichen christlicher und bürgerlicher Identität. Herausragende Medien zur Orientierung – zur *Ostung* einer kaum mehr durchschaubaren Welt. Obwohl mitunter abständig in ihrer *Sondersemantik* besetzen sie doch mit größtmöglicher Selbstverständlichkeit den öffentlichen Raum. Massive und unübersehbare Gottes-Immobilien. Präsent wie sonst nur Rathaus, Karstadt und McDonalds. Zeichen einer Religionskultur, die dem dreieinigen Gott auch baulich die Ehre gibt. Großzügig ausgelegte Gotteshäuser einer Kirche, die vehement in Abrede stellt, Gott jemals domestizieren zu können. Ihn womöglich einzuräumen, ihn ortsgebunden, eigenheimisch zu machen.
Noch haben wir sie – unsere Kirchengebäude. Bedeutsame Umräume unseres Kultes. Liturgische Außenhäute. Augen-Lust und Bau-Last in einem. *„Religion sucht Raum"* – im Blick auf den neuen Institutsort Greifswald und den kirchlichenbaulichen Status quo seines Umlandes kann der praktisch-theologische Beitrag aus der Schwesterfakultät Rostock kaum missverständlicher getitelt werden. Diese unsere Religion evangelischer Spielart sucht in Vorpommern und Mecklenburg allem Augenschein nach keinen Raum – sie hat viel zu viel davon.

---

1 Der Vortragsstil wurde weitgehend beibehalten.

In diesem Beitrag zum Kirchenraum sollen die neuen Paradigmen der Praktischen Theologie vortragsförmig durchdekliniert werden: Sponsoring, Fund-raising, Finanzmanagement. Es soll vielmehr über „*Kirchengebäude in der Postmoderne*“ gehandelt werden – ohne Rücksicht auf ihre ökonomischen Fundamente. Statt also den Blick darauf zu richten, wie wir unsere im Laufe der Jahrzehnte möglicherweise zu viele und viel zu groß gewordenen Gotteshäuser bezahlen können, verlege ich mich aufs *Schauen*. Ich schaue mir kirchliche Räume an.
Und weil der mir zugemutete zeitgeschichtliche Horizont als „postmodern“ etikettiert wurde, schaue ich mir kirchliche Räume in der 1. und 2. Ableitung an: *virtuelle*, *mehrfach gespiegelte* und *medial gebrochene* Kirchenräume. – Mein Hinsehen ist praktisch-theologisch motiviert, also *theoretischer* Art, d.h. ich nehme meine Motivation in diesem Falle etymologisch beim Wort. Denn unser akademisch vertrautes Hauptwort „Theorie“ zählt ja bekanntlich zur semantischen Enkel-Generation der griechischen Grundwörter θεάομαι und θέατρον. Also „schauen“ und „Schauplatz“. Ich betreibe Theorie im Modus des Schauens.
Zwei bzw. drei solcher „Schauplätze“ will ich im Folgenden „anschauen“; die ersten beiden stammen aus der Welt der Werbung.

2 Schau-Plätze

2.1 Religion hat Raum

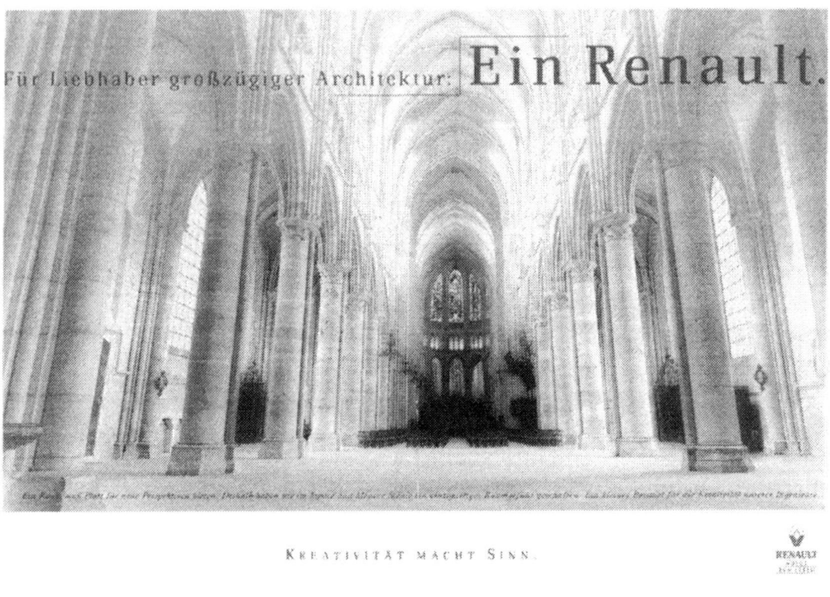

Die „Renault"-Deutschland AG schaltete unlängst im SPIEGEL diese Anzeige, um damit ihre neuesten Großraum-Modelle zu bewerben. Zielgruppe: „Für Liebhaber großzügiger Architektur".[2]

Im Marketing-Umfeld Religion zu zitieren, sie umzunutzen, sie quasi ästhetisch zu enteignen, ist keine neue Erscheinung. Otto Kerns Abendmahlsbilder oder Bennettons Schock-Kampagnen haben uns die Liaison der *Ware* mit dem *Wahren* bereits in exemplarischer Dichte und Drastik vor Augen geführt. Das Bemerkenswerte an diesem Reklamebild scheint mir also nicht so sehr, *dass* hier Religiöses funktional in Anspruch genommen wird, sondern vielmehr *wie* es sich darstellt: nämlich als räumliche Erfahrung und als kirchlich-christliches Phänomen. Geräumigkeit wird hier zum Signet für das kulturell codierte Verhalten zum Letztverbindlichen. – Hatten wir uns nicht schon daran gewöhnt, dass Kirche in der Popkultur kaum mehr zitabel ist?

Die Betrachtenden sehen sich hier nun in einen imposanten Kirchraum versetzt. Ihre Zeitungslektüre holt sie ungewollt hinein in eine der traditionellen Raumordnungen des Christlichen. Dass dies einem zweckrationalen Kalkül folgt, weiß der durchschnittliche SPIEGEL-Leser natürlich. Und er weiß auch, *dass* er das weiß und dass auch die Werbe-Kreativen in den Agenturen das wissen. Die Verführung durch die „geheimen Verführer" (Vance Packard) ist längst schon reflexiv geworden.

Begeben wir uns also – dies alles wohl wissend – auf einen kleinen hermeneutischen Kirchgang.

Der hier zitierte gotische Kirchraum setzt auf Transzendenz. In ihm verdinglicht sich die eschatologische Hoffnung auf das himmlische Jerusalem (Offb 21). In der Zentralperspektive erscheint das Spiel aus Licht und Säulen in künstlich-kühlem „Himmelsblau". Ohne Zweifel – diese alltagsästhetische Episode ruft Entrückungsphantasien wach. Die Vertikale intensiviert das Erhabene des Raumeindrucks. Und die Horizontale orientiert auf das Sanctissimum hin. Über das Ebenmaß ihrer syntaktischen Elemente zieht diese Architektur *nach oben* und *nach vorn* zugleich. Sie erhebt und setzt in Bewegung. Im Deutehorizont einer Autoreklame sind schließlich beide Bewegungen absolut plausibel.

Ihre Dynamik erhält diese kleine Szene nun dadurch, dass bildliche und schriftliche Zeichen bzw. Kirchen- und Werbewirklichkeit sich überlappen und zueinander in eine produktive Spannung treten. Mit diesem „geplanten Irrtum" – für Paul Ricœur immerhin das Charakteristikum metaphorischer Sprache – wird weder das Industrieprodukt sakralisiert, noch der Kirchraum einfach nur säkularisiert. Beide Lesarten sind zwar grundsätzlich möglich, aber der sich *hier* öffnende In-

2 Zu diesem Abschnitt vgl. Vf.: Geräumigkeit und Lehrkunst. Raum als religionsdidaktische Kategorie, in: Schauplatz Religion. Grundzüge einer performativen Religionspädagogik, hg. v. Vf. / *Silke Leonhard*, Leipzig 2003, 192-208 (192-196).

terpretationsraum ist doch eher weiter. Denn in dieser Szene spielt der Rezipient die Hauptrolle. Von ihm aus bzw. auf ihn hin ist die Szenerie konstruiert. Wir sind es, die dieses Bild überhaupt erst zur Szene machen. Erst durch unser Schauen wird es zum Raum – erst durch unser Schauen wird aus der Reklame eine religiöse Szenerie. Der Raum konstituiert sich auf der Ebene des Subjekts. Ihm erschließen sich in der Vermittlung zwischen gotischem Raumkonzept und konsumistischer Raumofferte ganz neue semantische Felder. Nicht ohne Grund sind außer dem Betrachter keine anderen Gläubigen ins Bild gesetzt. Die ausgeklügelte Bildkomposition lässt den sich darbietenden Kirchenraum als einen „religiösen Performativ" funktionieren. D.h. im Medium der Zeitungslektüre und im Modus der Metapher setzt der geneigte Leser diese Werbe-Verheißung höchst selbst in Kraft.
Der Raum situiert gleichsam sein religiöses Begehren, nimmt es in sich auf. Im Prozess der Wahrnehmung büßt er in dem Maße seinen Charakter als physikalischer Raum ein, wie die Imaginationskraft der Leserin ihn abwandelt und sich ihm anverwandelt. Sie setzt ihn und setzt ihn zugleich voraus.
Die östlichen Chorfenster, die den Altarraum in ein geheimnisvolles Rot hüllen, markieren den perspektivischen Fluchtpunkt. Unsere virtuelle Prozession wird vom Ort sakramentaler Realpräsenz her *orientiert* – im wahrsten Sinne des Wortes „geostet". Wie im Gottesdienst die bauliche Topographie das liturgische Geschehen ordnet und ihm Anhalt gibt, so ist selbst der kirchlich weniger versierte SPIEGEL-Leser über den religiösen Mehrwert des beworbenen Produkts schnell „im Bilde": „Autos zum Leben" – darauf verweist das Markensignet rechts unten am Bildrand ebenso dezent wie konzis – verhelfen der umworbenen Käuferin zu „neuen Perspektiven". Und die sind es ja schließlich, die die Bedeutung der mobilen und immobilen Räume ausmachen. Zugespitzt formuliert: Sakraler Raum macht automobilen Sinn.
Die Gesamtkomposition lässt darauf schließen – so mein vorläufiges Fazit –, dass (1.) Religion offensichtlich in ihrer kirchlich gelebten Form zur spätmodernen Lebenswelt dazugehört (wie anders könnte man so mit ihr werben?). Und dass christliche Religion (2.) über ihren liturgischen Umraum hinlänglich bestimmt ist. Die Zitation kirchlichen Interieurs konnotiert eine als bekannt vorausgesetzte Form der Religionspraxis. – Erweist sich unsere – ob ihrer „Beliebigkeit" kirchlicherseits gern geschmähte – Alltagskultur etwa doch noch als religionsfähig?

2.2 Raum macht Religion

get the spirit /Gms: CasioUhren

Die Anzeige der Firma „Casio“ versetzt uns in eine kirchliche Trauung. Braut und Bräutigam stehen festlich gekleidet vor einem Traualtar. Wie im Original stehen sie mit dem Rücken zur Gemeinde – in diesem besonderen Fall: zur Gemeinde der Leserinnen und Leser der Zeitschrift „Max“ (Nr. 10/2003). Waren wir in der „Renault“-Kirche lediglich beiläufige Kirchentouristen, so sind wir in der „Casio“-Kirche virtuelle Gottesdienstbesucher. Ein qualitativer Sprung. Schauen wir uns auch diesen Kasus etwas genauer an. Gelassen – wir sind ja nicht betroffen.

Inszeniert wird eine Aura der Unmittelbarkeit. Man kann sich dieser Szene nicht ohne weiteres entziehen: Der „schönste Tag im Leben“ und zu diesem Anlass: Religion als feierliches Ambiente – als Außenspiegel der Gefühlswelt. Dieses Bild spricht unmittelbar unsere Sinne an – nicht nur wegen des pikanten Einblicks. Hier wird eine Religion in Szene gesetzt, die weniger leibfeindlich und vor allem weniger Gnosis-anfällig ist wie unsere protestantisch-nüchterne Weisheits- und Ethik-Religion. Kerzenlicht und heller Sonnenschein, der durch die Kirchenfenster dringt, Rosen auf dem Altar, im Haar der Braut und als Brautstrauß – und dazu zwei richtig schöne Menschen.

Die Trauung findet hier bemerkenswerterweise in einer erkennbar evangelischen Kirche statt. Die weitaus meisten medialen Traumhochzeiten spiegeln dagegen ein eher katholisches Ambiente. Dies muss uns nicht verwundern. Das hat schlicht religionsästhetische Gründe: katholisch heiraten ist einfach schöner. Es macht mehr her, denn der Ritus ist bekanntlich sakramental verfasst. Und der Geistliche ist dort eben nicht der nette Herr Kretschmer vom Bonhoeffer-Haus nebenan, sondern ein richtiger Priester – eine heilige Person. Und als heilige Person hat er natürlich auch ein viel schickeres Kleid an als seine protestantischen Pendants.

Hier nun aber eine unzweideutig *evangelische* Kirche. Erkennbar am barocken Kanzelaltar – *das* kirchenbauliche Alleinstellungsmerkmal evangelischer Gotteshäuser.[3] Das Lehren des Evangeliums und die Verwaltung der Sakramente kommen im Kanzelaltar in größtmöglicher Verdichtung zum Ausdruck. Die sakramentale Mahlgemeinschaft am Altar erfährt ihre Deutung am Ort der Kanzel direkt über dem Altar. Verbaute Theologie – barocker Ausdruck evangelisch-orthodoxer Christentumspraxis. Nie waren evangelische Religionsräume prunkvoller, nie der liturgisch-räumliche Gestus erhabener. Der Kanzelaltar ermöglicht es dem Geistlichen, unten Liturg und oben Prediger zu sein. Die dem Kanzelaltar entsprechenden Handlungen „bebilderten“ die orthodoxe Theologie im praktischen Vollzug.

Doch von Liturg und Prediger ist hier auf diesem Bild überhaupt nichts zu sehen! Altar und Kanzel sind vakant – zur Zeit nicht besetzt.

---

3 Vgl. *Hartmut Mai*, Der evangelische Kanzelaltar. Geschichte und Bedeutung. Halle 1969.

Das Brautpaar *wird* also nicht getraut – es traut *sich* praktisch *selbst.* Es praktiziert volle liturgische Autonomie. Das evangelischerseits immer wieder hoch gehaltene, aber in seiner ganzen Tragweite selten realisierte „Priestertum aller Gläubigen“ wird hier von diesem Werbebild wohl am radikalsten umgesetzt: ein Gottesdienst aus Anlass der Trauung als ästhetischer Selbstvollzug.

Dass hier ein Gottesdienst im Gange ist, daran lassen die brennenden Kerzen und der Blumenschmuck auf dem Altar keinen Zweifel. Aber der auratische Ort spricht hier offenbar für sich selbst. Und somit auch zu allen, die sich an ihm aufhalten: zu unserem Brautpaar und natürlich zu der in seinem Rücken befindlichen Kasualgemeinde. Diese Religion des schönen Scheins ist anscheinend durch einen festlich gestalteten Altarraum hinlänglich religiös möbliert. Der herausgehobene sakrale Ort bedient alle gängigen Bedürfnisse im Hinblick auf eine Trauung. Überdeutlich zeigt diese kleine Szene an, wie stark sich derzeit religiöser Stil auf „Raumausstattung“ und „Ästhetik“ konzentriert. Es menschelt – allerorten. Aber was spricht schon evangelischerseits gegen eine Verkörperung, gegen die Veräußerung religiös veranlasster „Feierlichkeit“?

Über diese pastorenfreie Trau-Liturgie legt sich nun die Werbewirklichkeit mit ihrem sublimen Kaufanreiz:„Get your style. Hol dir deine angesagte Gms mit Duplex LC Display und vielen weiteren Funktionen. The spirit of the G.“

Hier nun werden die Betrachter als virtuelle Gottesdienstbesucher angeredet – gleichsam aus dem Off. Statt griechisch-deutschem Wechselgesang – wie beim *Kyrie eleison* – hier, zeitgeistig korrekt, ein englisch-deutsches Responsorium. „*Get the spirit* – empfangt den Geist!“ – Musste dazu noch der johanneische Jesus (Joh 20,22) seinen Jüngern persönlich ins Gesicht pusten, um ihnen diese Zusage leiblich zuteil werden zu lassen („*Nehmet hin den heiligen Geist!*“), so vertraut diese Kanzelverkündigung allein auf das (geschriebene) Wort: *„Get the spirit“.* Doch dazu reicht die leere Kanzel völlig aus! Denn die Verkündigung geschieht hier nicht mehr *personal*, sondern lediglich *lokal.* Verheißung vermittelt sich im Modus räumlicher Wahrnehmung. Der kirchlich vorgehaltene Sonder-Raum hebt an zur Kasualpredigt. Und in diesem Sonder-Raum verortet sich die Werbeverheißung – protestantisch völlig korrekt – an der Kanzelbrüstung. Vom Betrachter aus gesehen: oben. Denn eben von dort her verlauten in einer gottesdienstlichen Normalsituation all die lebensförderlichen biblischen Verheißungen.

Ich fasse zusammen:

Hat uns „Renault“ gezeigt, dass kirchliche Religion – postmodern dekliniert – keineswegs „out“ ist und dass man umstandslos vom architektonischen Umraum auf das Sinnangebot im Binnenraum schließen kann, so zeigt uns „Casio“, (1.) in welchem Maße der Kirchraum die

liturgische Handlung in sich aufzunehmen in der Lage ist. Über seine Schraffuren markiert der Raum, wie sich gläubiges Verhalten kirchlich organisiert. „Casio" zeigt (2.), dass die Darstellung und Vermittlung des Heiligen im Wesentlichen von der Raumordnung lebt. Vom Verhalten *im* und *zum* sakralen Raum: Durch die Stellung von Braut und Bräutigam vor dem Altar ist im Prinzip alles gesagt. In Position und Haltung kommen Subjektivität und Tradition zusammen, kommt religiöses Gefühl in Hoch-Form.
„Casio" zeigt uns (3.) nicht etwa ein tristes Karfreitagschristentum, sondern ein opulentes „Weihnachtschristentum"[4]. Zur Feier des Tages sollen religiöse Räume *schön* sein.
Das latente Interesse an kirchlicher Baukunst ist also mit bestimmten Erwartungen verbunden: Man erhofft sich Imagination, eine sinnhafte Sicht der Dinge, die Erschließung des Symbolischen und Mythischen. Auch und gerade Welt-Menschen, für die unsere institutionalisierte Religionspraxis keine lebensrelevante Größe mehr darstellt, suchen Deutungsoptionen jenseits des Verrechenbaren. Für sie konstituiert sich im Zeichenkosmos eines Kirchengebäudes eine diffuse Ahnung von innerweltlicher Erlösung: von der Rationalität des Alltags und von der Ökonomisierung aller Lebensvollzüge.
Der Rückgriff der Werbemacher auf traditionelle religiöse Systeme offenbart den hohen Bedarf der Postmoderne an *Sinn*. Es scheint nicht mehr zu gelingen, wirklich Neues hervorzubringen. Darum muss Bestehendes in immer wieder neuen Produktionslinien neu zusammengestellt, zitiert, an die Oberfläche gezogen werden. Es gibt keine übergreifenden „Stile" mehr – keine großkirchlich gestützten, aber wohl auch keine gegenwartskulturell wirksamen. Das Neue ist das *neu Zusammengesetzte*, die *Komposition*, der *Sampler*. Der Tanz an der Oberfläche wird zum virtuosen Lebensprojekt.
Die uns umgebenden popkulturellen Codierungen werden verwirrender, komplexer und damit wohl – leider Gottes auch – anfälliger gegenüber situativen Aufladungen. Es ist, wie es ist. Jedenfalls ist es weder ein „Amusement zu Tode", wie Neil Postman[5] suggeriert, noch scheint mir Hartmut von Hentigs[6] düstere Prognose vom „allmähliche(n) Verschwinden der Wirklichkeit" plausibel. Was ist, wenn die allgegenwärtigen Spielformen massenmedialer Kommunikation die zivile Gesellschaft zwar pluraler machen, nicht aber unfreier, doktrinärer und weniger transparent? Hatten wir es uns als Kirchen wo-

---

4 *Matthias Morgenroth*, Weihnachts-Christentum. Moderner Religiosität auf der Spur. Gütersloh 2002.
5 *Neil Postman*, Wir amüsieren uns zu Tode. Urteilsbildung im Zeitalter der Unterhaltungsindustrie. Frankfurt ^{3}1985.
6 *Hartmut von Hentig*, Das allmähliche Verschwinden der Wirklichkeit. Ein Pädagoge ermutigt zum Nachdenken über die neuen Medien. München ^{2}1985.

möglich zu schnell und zu früh im Schlagschatten kultureller Verfallstheorien gemütlich gemacht?

Anstatt trotzig und larmoyant den Verlust an kultureller Transparenz und den Zerfall der Tradition zu beklagen, macht der Turiner Philosoph Gianni Vattimo[7] mit seinen Thesen zur Kommunikationsgesellschaft Mut, die Ereignishaftigkeit des Geschichtlichen im alltäglichen Chaos des Informellen ernst- und anzunehmen. So bahne sich gerade angesichts der überquellenden Chaotik der Bilder und Behauptungen ein neues Emanzipationsideal an, das auf „Oszillation und Pluralität" beruht und das mit dem „Ins-Licht-Setzen" von Pluralität eine heilsame Erschütterung des traditionellen Realitätsprinzips mit sich bringt.[8]

Die Vervielfältigung der Vorstellungen von der Welt verweist auf eine „Vielheit lokaler Rationalitäten", die heute weitgehend unabhängig voneinander „das Wort ergreifen". Sie produzieren Geschichten – geben sich also eine Form –, um sich im Modus der Präsentation Anerkennung zu verschaffen. In ihrer Gesamtheit transformieren sie Welt in ein Konvolut von „Erzählungen". Sie machen die Welt gleichsam fabel-haft. Natürlich kann die Intensivierung des Informationsangebots nicht den Anspruch auf Authentizität garantieren, wohl aber nötigt diese Entwicklung das Subjekt (also uns!) dazu, die Geschichtlichkeit, Kontingenz und Begrenztheit lokaler Rationalitäten – und damit auch die der eigenen Rationalität – sehr genau wahrzunehmen.

Erkennt man den Prozess des Erzählt-Werdens von Welt an, dann folgt daraus, die Sinnfrage einer im weitesten Sinne hermeneutischen Logik zu unterlegen. Hiernach stellt sich Bedeutung ein nach Maßgabe von Kontinuität und Erweis, als Korrespondenz und Dialog zwischen verschiedenen Texturen und nicht in Form einer irgendwie gearteten Übereinstimmung von Erzähltem mit der Welt der Dinge und Sachverhalte.[9] So gesehen ist Einsicht immer je aktuelles Ein-Sehen, eine sich performativ vermittelnde Sinnsicht.

Der von Vattimo ins Spiel gebrachte Begriff der „Oszillation" dient ihm als Metapher für die ästhetische Erfahrung unter dem Vorzeichen generalisierter Kommunikation. „Oszillation" beschreibt die mit der Wahrnehmung von Differenz und Pluralität verbundene Erfahrung von nicht auflösbarer Ambiguität, also eine Art kreativen Schwebezustand zwischen Befremdung und Geborgenheit. Es ist das stets nötige „Zappen" zwischen synthetisierten Wirk-Welten: Die moderne Kommunikationsgemeinschaft „pendelt" sich gleichsam ein in eine „Gesellschaft des Schauspiels", „eine Gesellschaft, in der sich die Wirklichkeit mit weniger starren und mit fließenden Eigenschaften darstellt

---

7 *Gianni Vattimo*, Il pensiero debole (Das schwache Denken). Mailand 1983; ders.: Das Ende der Moderne. Stuttgart 1990 [1985]; ders.: Die transparente Gesellschaft. Wien 1992 [1989].

8 *Gianni Vattimo*, Die transparente Gesellschaft, 19.

9 A. a. O., 43.

und in der die Erfahrung die Züge der Oszillation, der Un-heimlichkeit und des Spiels annehmen kann".[10] Spiel erscheint in diesem System als ein emergentes Epiphänomen des Informellen.
Soviel in aller Vorläufigkeit zu den von mir ausgewählten kirchlichen Schau-Plätzen – und deren postmoderner Wahrnehmung.

3 Vom Anschauen zur Vorschau – wie Kirchenräume religiös zu lernen geben

Natürlich lässt sich aus der Exegese zweier, einigermaßen willkürlich zusammen gestellter Werbe-Bilder beim besten Willen kein raumgestütztes Evangelisationsprogramm ableiten. Auch fühlte ich mich missverstanden, hätte ich den Eindruck erweckt, als signalisierte ich Entwarnung im Hinblick auf die kulturelle Erosion christlicher Deutungsressourcen. Konsumgüterwerbung ist selbstverständlich kein adäquater Ersatz für eine nicht mehr gewusste christliche Grammatik. Mir lag vielmehr daran zu zeigen, dass wir mit unseren Kirchengebäuden einen enormen Fundus narrativer Reserven haben, über deren – im weitesten Sinne – religionspädagogischen Nutzen wir vielleicht noch nicht intensiv genug nachgedacht haben.
Mir lag ebenfalls daran zu zeigen, dass unsere Kirchenräume aus dem Pluralisierungsprozess zwar nicht unbeschadet hervor gehen, sie sich aber doch insgesamt als enorm widerstandsfähig erweisen. Darüber können auch die gerade gesehenen ironischen Mehrfach-Codierungen nicht hinweg täuschen.
Im Gegenteil: Je mehr sich die uns umgebende Kultur auflöst in kleine und kleinste Deutungsspiele, desto höher wird auch und gerade ihr Bedarf an Kenntlichkeit und Orientierung.
Meiner Einschätzung nach sehen viel zu viele Kirchgemeinden ihre Kirchen immer noch vorrangig als ein zu konservierendes *Behältnis* für Predigt und Orgelmusik. Kirche als ein zu begehendes *Verhältnis* entzieht sich aber in der Regel einer kirchengemeindlichen Pragmatik.[11] Begehungen jenseits von Kultus und Konzert sind kaum vorgesehen, obwohl viele Gotteshäuser über ihre Raumzeichen vernehmlicher den Liebesdienst Gottes „predigen" als so manche Kanzelrede. Wo aber die Lektüre architektonischer Texte nicht mehr öffentlichkeitswirksam tradiert wird, da verschließt sich eine der derzeit wohl wichtigsten Wahrnehmungen von Kirche.

---

10 A. a. O., 84.
11 Zu den raumtheoretischen Kategorien „Behältnis" und „Verhältnis" vgl. *Wolf-Eckart Failing* in: ders. / *Günter Heimbrock*, Gelebte Religion wahrnehmen. Lebenswelt – Alltagskultur – Religionspraxis. Stuttgart u.a. 1998, 99.

Rainer Volp[12] bemerkt zu Recht, dass tagsüber verschlossene Kirchen solange begründbar waren, wie jede Familie noch ihre tägliche Hausandacht hielt. Unsere der häuslichen Andacht entwöhnten Zeitgenossen treffen heute fast nur noch auf verschlossene Antiquitäten, die ihnen im Lachlärm der Medienmoderne ein teures Asyl für Geist und Seele verweigern. „Kirchengebäude in der Postmoderne" – ein zumeist vorenthaltener Rat- und Ruheort. Natürlich kann und muss man verschlossen halten, was nach Kulturhaus oder Wartesaal riecht. Aber auch das unscheinbare und in die Jahre gekommene Dorfkirchlein birgt mehr oder weniger deutlich eine Einladung zum Fest. Als öffentlicher Sonderraum lässt sie einen die Sonderzeit des Sabbats ahnen.

Was aber inhaltlich aufzuschließen nicht gelingt oder nicht zu lohnen scheint, begegnet schließlich nur noch in seiner Hermetik. Einen Kirchraum tagsüber verschlossen zu halten, gleicht dem ängstlichen Verhalten des 3. Knechts im Gleichnis von den anvertrauten Talenten (Mt 25).[13] Der Knechtslohn allen Bewahrenwollens ist der endgültige Verlust. Eine Grube in der Erde ist so produktiv wie ein Grab. Der Knecht büsst das ihm überlassene Talent ein, paradoxerweise indem er es durch Vergraben über die Zeit zu retten hofft. Wo man ein kostbares Erbe nicht dem chancenreichen, oftmals riskanten Gebrauch aussetzt – so folgert Roland Degen mit Recht –, wird es letztlich ganz aufs Spiel gesetzt.

Verstanden haben dies wohl als erste die KirchenpädagogInnen.[14] – Die Kirchenpädagogik lehrt uns mit ihren Methoden, sakrale Räume als geschichtliche Formäußerungen wieder neu wahrzunehmen. An ihnen kann abgelesen werden, was sich in ihnen an Religion abspielt bzw. abgespielt hat. Man schließt also von den gegebenen Raumzeichen auf den „geistlichen Mehrwert" eines Kirchenbaus. Sakrale Räume werden damit zu Lern-Orten für gelebte Religion, zu pädagogisch befragbaren Biotopen des Heiligen.

In ihrem Bemühen, die kulturellen Schätze zu heben, die ihnen in den Gotteshäusern anvertraut sind, ringt die wachsende Schar der KirchenpädagogInnen darum, die in diesen Schätzen gespeicherte Bewegungsenergie wieder bewusstseinsbildend fruchtbar zu machen.

---

12 *Rainer Volp*, Gastfreie Orte. Über die stille Botschaft von Kirchenräumen, in: Lernort Kirchenraum, hg. v. *Roland Degen / Inge Hansen*, Münster 1998, 257-261 (257).

13 Diesen Vergleich zieht *Roland Degen*, „Echt stark hier!" – Kirchräume erschließen, in: Lernort Kirchenraum, hg. v. ders. / *Inge Hansen*, Münster 1998, 5-19 (8).

14 Grundlegend sind drei 1998 erschienene Veröffentlichungen: *Roland Degen / Inge Hansen* (Hg.), Lernort Kirchenraum. Erfahrungen – Einsichten – Anregungen. Münster 1998; *Margarete Luise Goecke-Seischab / Jörg Ohlemacher*, Kirchen erkunden – Kirchen erschließen. Ein Handbuch. Lahr 1998 und *Thomas Klie* (Hg.): Der Religion Raum geben. Kirchenpädagogik und religiöses Lernen. Münster ^{3}2003 [1998].

Ein solches Bemühen ist natürlich *modern* codiert. – Die Herausbildung ihres Methoden-Ensembles folgte jedoch einer klar *post*modernen Logik. Denn in Ermangelung eines prägenden protestantischen Raumgefühls begann man zunächst damit, mit und in den Räumen zu spielen. Was evangelischer Raum genannt zu werden beansprucht, musste gleichsam neu „vermessen" werden. Versuchsweise, tastend, probehalber. Man wollte nicht mehr die Eindeutigkeit einer Besichtigungssakralität und damit weder den kulturbeflissenen Voyeur noch wollte man schulmeisterlich *de*finieren. Im Gegenteil: Man *ent*grenzte die Raumzeichen, bot sie Lernenden zur freien Lektüre dar. Die Kirchenpädagogik überführt den geheiligten Raum in eine deutende Bewegung. Damit verflüssigt sie „verbaute" Tradition wieder in lebendige Situation, in potentielle Lernanlässe. Die dem Kirchenraum eigene Anmutung wird genutzt und in strukturierte Lernprozesse übersetzt. Mit der Einladung in die Kirche verlässt man die Glanzlosigkeit der Zweckrationalität und tritt ein in einen hiervon abgesonderten Bezirk. Dieser Transitus verlangt geradezu nach pädagogischer Gestaltung. Man entdeckte darüber schnell: Unsere Kirchengebäude geben plötzlich wieder kreativ, schöpferisch zu lernen – aus den *Behältnissen* konnten plötzlich wieder *Verhältnisse* gemacht werden. – Und dies nach dem langen Dornröschenschlaf, den die Raum-Thematik in der (protestantischen) Praktischen Theologie führte!
Ein guter Nährboden für den anhaltenden Kirchenpädagogik-Boom war natürlich auch das raumvergessene Gottesdienstverhalten der evangelischen Christenheit. Indem sie ihre Zielgruppen wieder in ein Verhältnis setzt zur kirchlich gelebten Religion, leistet die Kirchenpädagogik eine wichtige Vorhof-Arbeit. Denn sie richtet sich in erster Linie an nicht-gottesdienstliche Adressaten: an Schulklassen und Kindergruppen, an Konfirmanden und Kirchentouristen.
Da nun diese Techniken anfangs hauptsächlich in evangelisch-pädagogischen Milieus entwickelt wurden, verlief die Entwicklung entsprechend spontan und ohne prägenden Kontakt zu Liturgik, Religionsdidaktik und Missionstheologie.
Ob die Kirchenpädagogik damit auch schon missionarische Qualität hat, ist m.W. empirisch noch nicht untersucht worden. – Die neuesten Versuche mit sog. „spirituellen Kirchenführungen", „meditativen Begehungen" und verschiedene City-Kirchen-Projekte, die u. a. in der westfälischen Kirche durchgeführt werden, weisen aber deutlich in diese Richtung.[15] Diesbezüglich herrscht noch weitgehend Forschungsnotstand.
Ohne die inzwischen zu verzeichnenden Ausdifferenzierungen und Spielformen der Kirchenpädagogik auflisten zu wollen, scheinen sich doch insgesamt im Hinblick auf eine ihre „Räume (auf)suchende Reli-

---

15 *Birgit Neumann / Antje Rösener*, Kirchenpädagogik. Kirchen öffnen, entdecken und verstehen. Ein Arbeitsbuch. Gütersloh 2003.

gion" drei Leitmotive herauszukristallisieren, die charakterisiert werden sollen:
Zunächst ist die schon mehrfach erwähnte Kategorie des *Spiels* (1.) zu nennen. Die eingangs exegesierten Werbebilder zeigen diesen Wahrnehmungsmodus ja mit schöner Deutlichkeit an. Werbung „spielt" mit Kirchengebäuden. Natürlich nach ihren Regeln. Und natürlich sollen die Spielergebnisse ihr bzw. ihren Kunden zugute kommen. Kann sich Kirche darauf einlassen, dass man ihre Gotteshäuser spielerisch umcodiert? Können Christenmenschen diese Spielregeln fraglos akzeptieren? Welche Gegenspiele sind bedacht und eingeübt? – Gespielt wird so oder so. Zur Disposition steht allenfalls, ob und wie wir mitspielen.
(2.) Zweitens das Motiv der *Fremdheit*. Kirchenräume repräsentieren Nicht-Präsentes. Sie verweisen auf eine andere Wirklichkeit. Keine irgendwie feststellbare Wirklichkeit, sondern eine liturgisch dargestellte und mitgeteilte Wirklichkeit. Eine fremde Wirklichkeit, die allen nicht-religiösen Wirklichkeiten deutend zur Seite steht. Unsere christlichen Raumzeichen leben in gewisser Weise von dieser Weltfremdheit. Die oftmals spröde Abständigkeit der Christentumspraxis, auf die sie verweisen, kann ihrer Fremdheit nicht enteignet werden, ohne Gefahr zu laufen, sie zu banalisieren. Drehbücher der Verlangsamung sind also gefordert – Inszenierungen, in denen es um sperrige Erstaunlichkeiten geht und nicht um glatte kunsthistorische Einordnungen.
Und (3.) das Motiv der *„öffentlichen Reizung"*[16]. Wer sich anschickt, christliche Raumzeichen zu entziffern, wird unversehens in gehaltvolle Glaubensgeschichten verstrickt. Die bildstarken Räume unserer Kirchen zeigen eben keine Museumsstücke, sondern sie verweisen immer auf agendarische Üblichkeiten, nehmen hinein in heilige Verläufe, sie vergegenwärtigen biblisches Geschehen, erinnern an Kirchengeschichte(n). „Und räumlich glaubet der Mensch" – so titelt der Theologe und Kunstgeschichtlicher Andreas Mertin[17] einen Aufsatz zum „Glaube(n) und seine(n) Räume(n)". Kirchenräume sind nicht ungefährlich – man kann in ihnen in etwas verwickelt werden. Insofern lässt sich im Zusammenhang mit der Lektüre christlicher Raumzeichen mit Sloterdijk durchaus von einer „Hermeneutik des Hineingeratens" sprechen. Zum Schluss eine Geschichte aus der Göttinger Kirchengeschichte.

---

16 Vgl. *Martin Luthers* liturgische Schrift „Deutsche Messe" von 1526.

17 *Andreas Mertin*, ... und räumlich glaubet der Mensch. Der Glaube und seine Räume, in: Der Religion Raum geben. Kirchenpädagogik und religiöses Lernen, hg. v. *Thomas Klie*, Münster ^{3}2003, 51-76.

4 „Darf sich das Kreuz drehen oder nicht?“ – Ein Kirchenturm als „öffentliche Reizung“

So etwas wünscht man sich als Theologe, wenn man ein Interesse daran hat, das was einen evangelisch umtreibt, auch öffentlich werden zu lassen. Aber wie so vieles im pastoralen Metier war auch dieser folgende praktisch-theologische Diskurs nicht planbar. Er brach einfach ungewollt über die betroffene Kirchengemeinde herein.

Göttinger Tageblatt, 13.8.01

Die Kirchengemeinde Obernjesa bei Göttingen hatte nach einem enormen finanziellen Kraftakt endlich ihre schmucke Dorfkirche renoviert. Dach und Dachstuhl wurden erneuert, das Turmdach neu gedeckt, der Außenputz und das Fachwerk in der Sakristei in Stand gesetzt, Wände, Empore und Orgel wurden in den ursprünglichen Farben gestrichen, dazu die Orgel wieder spielbar gemacht. Alles in allem beliefen sich die Kosten für diese aufwändige Bau-Erhaltungsmaßnahme vor vier Jahren auf über 1 Million DM.

Nun sollte – zum Zeichen der Erneuerung – auf der Turmspitze ein großer, weithin sichtbarer, vergoldeter Stern montiert werden. Bis 1967 zierte ein eben solcher Stern den Kirchenturm, musste aber aufgrund von Blitzschlag durch ein kleines Kreuz ersetzt werden. Mittlerweile war auch dieses stark verwittert. Beide Motive sollten – so jedenfalls der feste Wille des Kirchenvorstands – in der nun neuen Turmbekrönung zur Geltung kommen. In Auftrag gegeben wurde der goldene Kreuz-Stern bei einem bekannten Göttinger Goldschmied, seines Zeichens ein frommer Mann – ebenfalls lange Jahre Kirchenvorsteher.

Die Kirchenleitung von Obernjesa gab folgende Konstruktion in Auftrag: Ein achteckiger Stern sollte es sein aus vergoldetem Kupfer, dessen Längs- und Querstreben ein Kreuz bilden. Das Kunstwerk sollte nun so auf dem Turm befestigt werden, dass es sich im Wind hin- und herdrehen kann. Dies vor allem deswegen, dass „seine Breitseite von überall im Dorf gesehen werden kann". Dies bekundete der Vorsitzende des Kirchenvorstands gegenüber dem Göttinger Tageblatt an (GT 11.11.2000).

Die landeskirchliche Baudirektorin erhob Einspruch – und dies medienwirksam. Im Göttinger Tageblatt war zu lesen: „Die Tradition gebiete, dass die Kreuze auf den Kirchtürmen befestigt und nach Osten ausgerichtet sein müssen!" Gegen die regionale Lesart einer Verbindung aus Tradition und religiöser Ästhetik wird nun theologisch-normativ argumentiert: Stat crux, dum volvitur orbis – mag die Welt sich drehen, dass Kreuz steht fest.

Bals begann sich auch eines der Werbeblätter für diesen kirchlichen Raum-Disput zu interessieren, die mit hoher Auflage in jeden Haushalt gestreut werden. Ein entsprechender Bericht wurde hier sogar auf der ersten Seite platziert. – „Das frühere Kreuz auf dem Kirchturm mit der Wetterfahne oben drauf habe sich auch gedreht!" wird nun seitens des Kirchenvorstands geäußert. Die landeskirchliche Baudirektorin verwahrt sich gegen dieses theologisch unqualifizierte Argument und behält sich die letztgültige Entscheidung in Sachen Kreuz-Stern vor.

Man einigte sich schließlich auf einen Kompromiss: Die neue Pastorin erklärte, bei der Spitze handele es sich nun in erster Linie um einen Stern, in dem auch ein Kreuz sei, das sich drehe. – Dies war dann auch die Lesart, die das Landeskirchenamt akzeptieren konnte.

Stern und Kreuz, und beides als windabhängige Wetterfahne auf einem Gotteshaus – postmoderne Mehrfach-Codierungen begegnen also keineswegs nur im Bereich der Popkultur.

Verzeichnis der Herausgeber und Verfasser

Prof. Dr. Michael Herbst, geb. 1955, ist seit 1996 Professor für Praktische Theologie und seit 2004 Direktor am Institut zur Erforschung von Evangelisation und Gemeindeentwicklung der Universität Greifswald.

Prof Dr. Jörg Ohlemacher, geb. 1944, ist seit 1994 Professor für Praktische Theologie mit dem Schwerpunkt Religionspädagogik an der Universität in Greifswald und seit 2004 Direktor am Institut zur Erforschung von Evangelisation und Gemeindeentwicklung.

Dr Johannes Zimmermann, geb. 1965, ist seit 2004 wissenschaftlicher Geschäftsführer am Institut zur Erforschung von Evangelisation und Gemeindeentwicklung der Ernst-Moritz-Arndt-Universität Greifswald.

Prof. Dr. Paul Michael Zulehner, geb. 1939, ist seit 1984 als Universitätsprofessor für Pastoraltheologie und Kerygmatik in Wien tätig.

Prof. Dr. Christfried Böttrich, geb. 1959, ist seit 2003 Professor für Neues Testament in Greifswald.

Dr. Hans-Jürgen Abromeit, geb 1954, ist seit September 2001 Bischof der Pommerschen Evangelischen Kirche.

Dr. Lajos Szabó ist als Praktischer Theologe an der Evangelisch-Lutherischen Theologischen Universität Budapest tätig.

Brent Dahlseng ist Direktor für Gebet und Evangelisation der Evangelical Lutheran Church of America in Chicago.

Prof. Dr. Thomas Klie, geb. 1956, hat seit 2004 den Lehrstuhl für Praktische Theologie an der Universität Rostock inne.